LÊ

PONT DE FONTENOY

RÉCIT DES OPÉRATIONS DU CORPS FRANC

AVANT-GARDE DE LA DELIVRANCE

LE

PONT DE FONTENOY

ÉPISODES

DE LA

GUERRE DE PARTISANS

DANS LES VOSGES

RÉCIT DES OPÉRATIONS DU CORPS FRANC

AVANT-GARDE DE LA DÉLIVRANCE

PAR

G. ADAMISTRE

ANCIEN CAPITAINE DE FRANCS-TIREURS

Deuxième Édition

PARIS

LIBRAIRIE MILITAIRE E. DUBOIS

18, RUE DES GRANDS-AUGUSTINS, 18

Près le Pont-Neuf.

1890

LE

PONT DE FONTENOY

ÉPISODES

DE LA

GUERRE DE PARTISANS

DANS LES VOSGES

RÉCIT DES OPÉRATIONS DU CORPS FRANC

AVANT-GARDE DE LA DÉLIVRANCE

PAR

G. ADAMISTRE

ANCIEN CAPITAINE DE FRANCS-TIREURS

Deuxième Édition

PARIS

LIBRAIRIE MILITAIRE E. DUBOIS
18, RUE DES GRANDS-AUGUSTINS, 18
Près le Pont-Neuf.

1890

AVANT-PROPOS

En Novembre 1870, à l'heure où la France agonisait, au milieu des armées allemandes qui couvraient notre sol, un petit groupe de citoyens des Vosges résolurent d'inquiéter l'ennemi, d'organiser la résistance et de couper à l'armée qui assiégeait Paris, toute communication avec l'Allemagne par le chemin de fer de Strasbourg.

Sans arme et sans argent, dénués de toute ressource militaire, ils firent appel au courage, à l'abnégation, à l'amour de la Patrie ; des volontaires des départements limitrophes, des anciens soldats se rendirent rapidement à leur appel et formèrent en quelques semaines, campé au cœur de la forêt de Boëne, près de Lamarche, un corps franc qui prit le nom d'*Avant-Garde de la Délivrance.*

Bientôt attaqués, les francs tireurs livrèrent des combats à Dombrot, Lamarche, Vrécourt, à Nogent-le-Roi (Haute-Marne), qui fut pillé et incendié par les Prussiens après la bataille ; ils couronnèrent enfin cette émouvante odyssée par la destruction du pont de Fontenoy-sur-Moselle, près de Toul, le 22 janvier 1871.

Vingt ans se sont écoulés depuis les désastres sanglants et immérités dont la France est enfin relevée, mais l'ennemi campe toujours sous nos murs, à toute heure encore il nous menace d'une nouvelle invasion, demain peut-être nous réveillerons-nous au bruit du canon de la guerre sainte, de la guerre qui décidera de l'existence même de la nationalité française.

Heureusement le patriotisme est tenu en éveil, des monuments dus à la plume, au pinceau, au burin, s'élèvent de toutes parts à la mémoire des soldats morts pour la défense de la Patrie, entretenant au fond des âmes le souvenir impérissable de nos frères égorgés, de nos villages incendiés, de nos provinces captives, et ravivant dans nos cœurs la haine profonde de l'étranger.

J'ai voulu concourir dans la mesure de mes faibles moyens à cette œuvre de relèvement national, en retraçant l'histoire de *l'Avant-Garde de la Délivrance*, dont je commandais l'une des compagnies ; mon récit, appuyé sur des documents authentiques, notes, lettres, rapports, etc., que je tiens d'ailleur à la disposition de tous ceux qui désireront venir les consulter, réfute en partie les différentes versions plus ou moins fantaisistes ou intéressées qui ont été publiées jusqu'à ce jour, et place enfin chaque fait d'armes dans son ordre exact, et chacun des acteurs dans son rôle spécial.

La vérité, comme on le verra, est assez palpitante, assez belle, et l'on peut être surpris que certains aient tenté de lui substituer la fable.

Enfin, la monographie de la surprise de Fontenoy, récemment publiée par le Grand Etat-major allemand, donne à l'impartial récit qui suit, un cachet d'actualité, de contrôle et d'étude que je signale à tous ceux que préoccupent les redoutables événements qui approchent.

G. ADAMISTRE.

Bar-le-Duc, le 1er Septembre 1889.

CAMPAGNE DE 1870-1871

ÉPISODES DE LA GUERRE DE PARTISANS

DANS LES VOSGES

LE PONT DE FONTENOY

RÉCIT DES OPÉRATIONS DU CORPS FRANC

AVANT-GARDE DE LA DÉLIVRANCE

CHAPITRE PREMIER

Organisation et débuts. — Affaires de Vittel et Dombrot. — Combat de Lamarche.

I

L'histoire du corps franc que nous venons relater dans ces pages rapides est fondée sur les documents authentiques que nous avons pu rassembler ou consulter pendant une période de quinze années et sur les notes que nous avons prises au jour le jour pendant la campagne. Notre but est de rétablir la vérité, trop longtemps obscurcie ou méconnue au sujet d'un fait d'armes émouvant, d'une audace inouïe, dont divers personnages ont successivement tenté de se proclamer les héros.

L'Alsace et la Lorraine envahies, notre dernier espoir englouti à Sedan, la capitulation de Toul qui laissait intacte entre les mains de l'ennemi la ligne ferrée de Paris à Strasbourg, Metz livré, Paris assiégé, la Prusse victorieuse au cœur même de notre patrie, telle était la sombre et désespérante situation de la France au moment où commence ce récit.

II

Le 6 novembre 1870, l'avant-garde prussienne entrait à Neufchâteau, suivie de près par des masses énormes, qui se précipitaient au-devant de notre armée naissante de la Loire.

La petite ville de Neufchâteau connut dès lors les douleurs de l'occupation étrangère : le flot de l'invasion lui laissa, en passant, une garnison permanente d'un millier d'hommes, puis, se déroulant vers l'ouest, il enferma les Vosges d'une infranchissable barrière, et le silence se fit sur cette malheureuse contrée.

Mais l'âme de la Patrie ne s'était pas retirée d'elle ; un patriote vosgien, M. Victor Martin, méditait depuis longtemps déjà de l'arracher aux mains victorieuses de l'ennemi en ralliant autour de lui les fils des vaillants partisans lorrains de 1815. Dès les premiers jours d'octobre, il avait formé dans ce but un comité secret de défense nationale, dont l'un des membres, M. Goupil, fut envoyé à Tours pour réclamer les pouvoirs nécessaires.

Grâce à l'intervention de M. de Frogier de Ponlevoy (1) chef de bataillon du génie détaché au ministère de la guerre, à Tours, un comité militaire fut institué, par ordre ministériel du 9 novembre 1870, signé de M. de Freycinet, pour la défense des départements des Vosges, de la Meuse et de la Meurthe (2).

M. Victor Martin, sous-préfet de Neufchâteau, était nommé chef militaire et président de ce comité, tous les pouvoirs se trouvaient ainsi réunis dans ses mains, mais il lui manquait l'argument suprême de toutes les causes humaines : la force.

Ce fut le ministre de la guerre, Gambetta, qui se chargea d'y pourvoir, en envoyant à Neufchateau, où il arriva le 29 novembre, un capitaine de francs-tireurs, nommé Bernard, qui était allé offrir ses services au gouvernement de

---

(1) Actuellement député des Vosges depuis 1877.
(2) Voyez pièces annexes nos 1, 2 et 3.

la défense nationale à Tours. Cet officier était mis à la disposition du chef militaire des Vosges, pour toutes opérations, notamment celles à entreprendre contre le chemin de fer de l'Est; il avait en outre la mission spéciale de recruter, d'accord avec le comité militaire des Vosges, un corps franc du nom d'*Avant-Garde de la Délivrance*.

Mais l'existence dans Neufchâteau même du comité militaire de défense nationale, l'arrivée dans cette ville d'un officier français ne pouvaient rester longtemps ignorées du commandant de la garnison prussienne. En effet, prévenus à temps que ce dernier demandait à Épinal les instructions nécessaires pour étouffer ce ferment de résistance, le comité et le capitaine Bernard quittèrent furtivement Neufchâteau, pour se rendre à Lamarche, chef-lieu de canton des Vosges, où ils arrivèrent le 27 novembre,

Ce même jour, la maison de M. Victor Martin, à Neufchâteau était cernée à la pointe du jour par une escouade prussienne; sa demeure fut brutalement violée et des perquisitions humiliantes pour sa famille durèrent plusieurs heures, naturellement sans autre effet que celui d'aviver la colère de l'ennemi.

III

Lamarche n'avait pas été choisie au hasard par le comité comme centre de ses opérations. La situation exceptionnelle de cette petite ville lui offrait, en effet, de remarquables avantages à tous les points de vue. Placée sur l'extrême limite des trois départements de la Haute-Marne, de la Haute-Saône et des Vosges occupés par l'ennemi, elle était par cela même assez éloignée des garnisons prussiennes d'alentour (40 kilomètres) pour que la moindre vigilance écartât toute surprise; les montagnes abruptes et les massifs forestiers qui l'entourent étaient pour les Allemands un obstacle; pour l'*Avant-Garde* un rempart, un nid d'embuscades, un refuge en cas de désastre. Deux routes que l'ennemi ne pouvait fermer sans danger et qui mettent Lamarche en communication avec la place de Langres, distante de 60 kilomètres, assuraient la retraite sur cette forteresse; de plus, le comité s'établissait au centre d'une contrée fertile, non encore ravagée, d'où il pouvait tirer d'immenses ressources en vivres de toute espèce; ajoutons qu'il était placé à l'écart des routes fréquentées par les Prussiens et comptait, à force de prudence, leur dérober pour quelque temps la connaissance de ses préparatifs militaires.

Pour établir son autorité, imposer le respect, le comité

n'avait ni soldats, ni armes, ni munitions, ni argent, ni
ressources d'aucune espèce ; le patriotisme sommeillait, il
fallait le réveiller et tourner contre le conquérant son
invincible colère ; le ravitaillement de l'ennemi, la percep-
tion des contributions pécuniaires dont il avait frappé le
pays, s'opéraient partout avec une déplorable facilité ;
il fallait empêcher cette indigne spoliation, arrêter ces
agissements funestes aux intérêts de la défense nationale.
Il fallait en un mot rétablir l'ordre et le fonctionnement
des lois, à la place de l'anarchie qui désolait le pays. Enfin,
comme principal et suprême objectif, la destruction de la
ligne ferrée de Paris à Strasbourg s'imposait dans le plus
bref délai.

Le comité devait aussi, en face d'un ennemi toujours
aux aguets, se préparer à la résistance en créant une force
militaire sérieuse. Il fallait donc, sans retard, recruter un
noyau de volontaires, l'armer, l'équiper, appeler les mobilisés restés dans leurs foyers et former ainsi une petite
armée vosgienne, à qui la défense du sol natal et la connaissance des lieux donneraient une puissance irrésis-
tible.

Pour accomplir toutes ces choses au cœur même de l'invasion, le comité se composait de cinq membres : MM. Victor Martin, président : Victor de Ponlevoy, Goupil, Rollin,
Tissot, membres ; et du capitaine Bernard. Ces patriotes ne
possédaient que 10 fusils et 300 cartouches, mais l'amour
de la patrie les enflammait et sans souci du danger, ils se
mirent résolument à l'œuvre.

VI

Dès le lendemain de son arrivée à Lamarche, M. Martin
partit pour Langres, dans l'espoir d'obtenir du général
Arbelot, commandant la place, des secours en hommes, en
armes et en munitions, qui le missent à même d'agir sans
retard. Grande fut sa déception, rien ne lui fut accordé,
pas même la sympathie patriotique à laquelle il croyait
avoir quelque droit.

Pendant l'absence du chef militaire, le comité s'était
rendu chez un jeune officier du 93° de ligne, le lieutenant
Coumès, évadé de Metz, qui, inspiré par la même pensée
patriotique, venait à Lamarche pour faire à l'envahisseur
une guerre de détail. Invité à se joindre à eux et au capitaine Bernard, il désira en référer au général Arbelot, sous
les ordres duquel il se trouvait placé ; il demandait en
même temps des renforts, des armes et des munitions pour

tenter une expédition contre la ligne de l'Est. Le général répondit le 29 novembre au lieutenant Coumès, dans le même sens qu'il avait fait la veille à M. Victor Martin : il refusait absolument le concours demandé, mais il autorisait cet officier à tenter lui-même l'opération s'il trouvait des aides dans le pays.

M. Coumès, qui commandait à une trentaine d'hommes se mit aussitôt à la disposition du comité.

Le capitaine Bernard avait déjà lui-même rassemblé un nombre égal de volontaires, la plupart anciens soldats. l'effectif des deux compagnies était donc d'une soixantaine de braves, prêts à tout entreprendre, impatients d'agir.

Le chef militaire donna, en outre, l'ordre à M. Rambaux, garde général des forêts à Bugnéville, de se rendre à Lamarche avec les guides forestiers placés sous ses ordres, au nombre de vingt-cinq.

V

Le 2 décembre, le capitaine Bernard, instruit qu'un courrier prussien passait journellement sur la route de Mirecourt à Epinal, quitta Lamarche avec sa compagnie pour aller s'en emparer.

Le même jour, le lieutenant Coumès était chargé de pousser une reconnaissance sur Mirecourt, accompagné de sept hommes seulement. A Vittel il est subitement prévenu que seize Prussiens, commandés par un officier ne sont qu'à quelques pas de lui ; il se jette vivement dans la forêt du Grand Ban, non sans échanger quelques coups de fusil avec l'ennemi qui est à sa poursuite, mais il gagne de vitesse dans le bois et arrive au moulin de Contrexéville, où il s'embusque.

Une heure après les Prussiens passent devant lui. L'officier prend possession du village, qu'il met à contribution ; il fait servir un repas à sa troupe dans une salle du premier étage de l'Hôtel de Ville et s'enferme avec elle.

Coumès, informé de ce fait, sort du moulin ; lui et ses hommes se dirigent en rampant vers le lieu de réunion de l'ennemi ; la sentinelle prussienne surprise est désarmée sans bruit. Coumès s'élance par la fenêtre et tombe au milieu des Prussiens atterrés ; le revolver sur la gorge, il somme l'officier de se rendre ; au même instant la porte cède aux efforts de ses hommes et les Prussiens se constituent prisonniers.

Les guides forestiers commandés par M. Rambaux arrivent en ce moment même à Contrexéville ; le capitaine

Bernard paraît à son tour, et la glorieuse petite troupe rentre le soir à Lamarche avec les prisonniers.

Le lendemain Bernard et Coumés s'emparent d'un convoi de bétail, de grains et de fourrages, qu'ils dirigent sur Bourbonne-les-Bains ; le général Arbelot, informé de ce fait, en ordonne la saisie et le transport à Langres, sous prétexte que la prise avait été faite sur le territoire de la Haute-Marne, dans son commandement.

M. Martin, qui comptait sur le produit de cette prise pour se munir d'argent, nomma d'office aux fonctions de receveur particulier M. Demengeon, percepteur à Lamarche, qui perçut régulièrement les contributions dès ce jour, aussi loin que possible, malgré les menaces de l'autorité prussienne.

VI

Cependant l'apparition inattendue de l'uniforme français dans ce coin des Vosges, la parole ardente et l'intrépidité des officiers, le bel exemple de dévouement à la Patrie donné par les membres du comité qui s'occupaient avec ardeur de l'administration de la petite armée, avaient profondément remué les populations d'alentour et réchauffé le vieux levain de patriotisme qui couvait dans les âmes.

Toute la contrée était en émoi et partout on s'assemblait et l'on parlait de résistance. Les maires reconnaissaient en M. Victor Martin le représentant de l'autorité française et lui offraient spontanément leur concours, la jeunesse accourait s'enrôler sous le drapeau de l'*Avant-Garde de la Délivrance* ; de vagues rumeurs se publiant, grossissant à l'envi les exploits des francs-tireurs de la *Délivrance*, portaient au cœur des Prussiens l'inquiétude et l'effroi.

Nous étions devenus pour eux un danger, la révolte était imminente ; elle pouvait en se propageant leur être fatale ; ils résolurent d'en comprimer le germe tout prêt à éclater.

VII

Le 6 décembre le capitaine Bernard est prévenu qu'une colonne prussienne forte de près de 900 hommes, venant d'Epinal, se dirigeait sur Lamarche et devait prendre cantonnement le soir même à Contrexéville, Dombrot-le-Sec et Viviers-le-Gras. Il décide immédiatement d'aller surprendre pendant la nuit, à Dombrot-le-Sec, les 450 hommes qui devaient y gîter, et il sort de Lamarche à minuit, à la tête des 60 hommes dont il disposait, y compris 20 guides forestiers commandés par MM. Rambaux et Loppinet, gardes généraux.

Arrivés devant le village à cinq heures du matin, ces 60 braves s'y jettent brusquement. Le poste prussien de garde est pris d'assaut et massacré ; les francs-tireurs pénètrent dans quelques maisons ouvertes, où des combats s'engagent corps à corps ; mais les habitants, épouvantés, ont pour la plupart solidement barricadé leurs portes, et les Prussiens, placés presque tous aux fenêtres, font pleuvoir une grêle de balles dans les rues, que par bonheur le jour n'éclaire pas encore.

Trois canons qui stationnent sur la place de l'Eglise sont entourés et leur garde massacrée sans pitié ; le capitaine Bernard veut les enlever, mais comme il est impossible de trouver les chevaux nécessaires, il fait briser leurs culasses avec une masse de fer.

Pendant ce temps, quelques pelotons de Prussiens se rassemblent ; la position devient critique, il va faire jour, et malgré l'ardeur et l'héroïsme des Français et de leurs chefs, le capitaine Bernard ordonne la retraite. Les Prussiens n'osent le poursuivre et il rentre tout d'une traite à Lamarche.

Dans cette affaire, les pertes de l'*Avant-Garde* ont été de 3 hommes tués et 5 blessés ; les Allemands ont eu environ 80 hommes mis hors de combat, dont moitié de tués.

Epouvantée de tant d'audace et craignant une nouvelle surprise, la colonne prussienne, composée d'hommes de la landwehr, regagna Epinal le surlendemain sans s'arrêter.

VIII

La ville même de Lamarche, ouverte et dominée de toutes parts, n'offre aucun élément de défense contre une attaque sérieuse, et le comité ne pouvait espérer y être à l'abri des coups que l'ennemi lui préparait.

Il résolut donc de créer aux troupes un asile inaccessible au centre de la forêt de Boëne ou du Creuchot, à 7 kilomètres au nord de Lamarche. L'emplacement fut fixé au centre du plateau, aux abords de la maison forestière abandonnée de Boëne.

Sans aucun délai, le comité réquisitionna des planches, des madriers, etc., et convoqua les ouvriers sans travail des localités voisines ; trois baraques s'élevèrent comme par enchantement, où les soldats, au lendemain de la bataille de Lamarche, comme on le verra plus loin, purent trouver la nourriture et l'abri.

Cette forêt de Boëne, assise au sommet d'un massif isolé qui domine tous les environs, est de toutes parts défendue par des pentes abruptes d'un accès difficile : Du haut de cette aire inabordable, refuge assuré contre l'ennemi, l'*Avant-Garde de la Délivrance*, cachée dans les profondeurs de la forêt, commanderait tout le pays d'alentour. De plus une ceinture de riches et populeux villages entoure à son pied, comme un cordon de postes avancés, le pâté montagneux qui allait prêter son abri sauvage, devenir le rude séjour des francs-tireurs : la troupe pourrait donc ainsi trouver autour d'elle de nombreux approvisionnements.

Déjà plus de deux siècles auparavant, cette admirable position, ce mont sacré dont une mystérieuse destination semble faire la terre classique de l'indépendance nationale avait attiré les regards des défenseurs de la Lorraine. Ils l'avaient occupé dans les guerres du XVIIe siècle, et c'est dans son enceinte, à deux kilomètres du camp de la Délivrance, que se trouve l'énorme *chêne des partisans*, célèbre pour avoir servi à cette époque de lieu de rendez-vous aux partisans lorrains nos ancêtres.

IV

L'audacieuse entreprise du capitaine Bernard à Dombrot avait conjuré le danger, mais le comité ne se faisait pour l'avenir aucune illusion ; le prestige de la victoire était indispensable à la sécurité de l'ennemi, il fallait donc s'attendre à une nouvelle agression, et la situation, un instant raffermie, allait devenir plus périlleuse encore.

Le 9 décembre, le chef militaire était informé qu'une nouvelle colonne prussienne, forte de 1,300 hommes environ de troupe d'élite, 1er régiment de chasseurs, était sortie de la ville de Mirecourt se dirigeant sur Lamarche.

Pénétré de la gravité de cette situation, M. Martin expédia immédiatement au général Arbelot, à Langres, deux télégrammes pressants pour implorer son assistance ; mais ce fut en vain, le général refusa tout secours.

Nullement découragé par cet inexplicable abandon, M. Martin cherche de tous côtés des renforts ; il réclame des secours d'une compagnie de mobiles de la Haute-Savoie qui se trouvait à Bourbonne, et le capitaine Grégoire accourt sans autre formalité à cet appel ; même démarche près du lieutenant Buhler qui occupait Vitrey à la tête d'une trentaine d'hommes et même résultat ; il appelle enfin aux armes les gardes nationaux d'alentour, qui arrivent remplis d'ardeur, mais mal armés, presque dépourvus de munitions, ne pouvant servir qu'à garder les postes d'observation.

Le 10 au soir, M. Martin apprenait que la colonne prussienne venait coucher à Frain, à 8 kilomètres de Lamarche et qu'elle se composait de 1,200 chasseurs, d'artillerie, cavalerie et 4 pièces de canon.

De son côté, il avait sous la main les compagnies de francs-tireurs Bernard, Coumès et Buhler, la compagnie de mobiles du capitaine Grégoire et les guides forestiers de MM. Rambaux et Loppinet, environ 250 hommes.

<h2 style="text-align:center">X</h2>

Le 11 décembre, dès 5 heures du matin, par un brouillard intense, le sol couvert d'une épaisse couche de neige glacée, chacun était à son poste. Le capitaine Bernard, qui commandait en chef, fidèle aux dispositions arrêtées la veille en conseil de guerre, avait disposé ses troupes comme il suit :

La route de Frain à Lamarche, route des Romains, fut occupée par le lieutenant Buhler en avant du bois de la Fourrée.

La compagnie Coumès fournit un poste important à la tuilerie du Thu pour garder la route de Martigny, et le reste s'établit entre le bois du Thu et la route des Romains.

Un peu en arrière le gros des forces, à cheval sur la route, entre les monts Saint-Etienne et des Fourches ; les guides forestiers partagés entre ces différentes fractions.

Dans Lamarche, la moitié de la compagnie Grégoire, de réserve, surveillait la route de Neufchâteau.

Des postes d'observation étaient établis sur la route d'Isches à Frain, à l'embranchement des chemins de Morizécourt et de Sérécourt ; enfin, une section de gardes nationaux et de mobilisés occupait Orcil-Maison et la route de Lamarche à Isches.

Les postes principaux de la tuilerie du Thu et du bois de la Fourrée avaient pour consigne de résister à outrance pour permettre aux renforts de se porter en ligne.

Le lieutenant Buhler fut le premier attaqué, vers 9 heures du matin, par des masses profondes, perdues dans un brouillard qui ne permettait pas de voir à plus de 40 pas. Il put à peine résister quelques minutes et dut se retirer en toute hâte pour éviter d'être entouré ; la compagnie

Coumès, qui volait à son secours, dut reculer à son tour.

Les Prussiens prirent rapidement possession du bois et vinrent s'établir sur la lisière, où une vive fusillade s'engagea entre eux et les francs-tireurs, rendus invisibles par le brouillard et abrités, à deux cents pas environ, derrière les arbres, les haies, les accidents de terrain. L'ennemi perdit là beaucoup de monde dans ses tentatives de sortie par section ; enfin, une charge générale à la baïonnette le refoula dans le bois ; mais à ce moment même une compagnie prussienne, qui avait fait un mouvement tournant par le bois de la Fourrée, couronnait le mont des Fourches et forçait le capitaine Bernard à rallier ses troupes ; il se retira par échelons dans la ville de Lamarche.

Les Prussiens s'arrêtèrent dans leur marche en avant, et la compagnie Grégoire, déployée en tirailleurs autour de la ville, les tint à distance pendant que la retraite s'organisait dans l'intérieur.

Le comité militaire et toute la petite troupe française se retirèrent par la route de Langres. Les francs-tireurs, arrivés à la forêt du Seigneur, prirent à droite à travers bois, passèrent à Tollaincourt et à Rocourt, et gagnèrent le camp de la Délivrance, appelé aussi camp de Boëne, où ils arrivèrent à 9 heures du soir, après une marche de nuit, dans les bois, par la neige, exténués de fatigue et de faim.

250 hommes avaient tenu en échec, pendant quatre heures, 1,200 à 1,300 Prussiens munis d'artillerie, et leur avaient mis hors de combat, d'après les renseignements fournis par les convoyeurs du pays, plus de 150 hommes, dont la moitié de tués.

Les pertes du côté des Français étaient de cinq hommes tués et dix blessés, qui furent transportés à l'hôpital de Lamarche.

Les Prussiens couchèrent à Lamarche ; ils barricadèrent les routes de Bourbonne et de Langres ; mais, pris d'une panique inconcevable, ils reprirent précipitamment, le lendemain matin, la route d'Epinal. Ils avaient sans doute appris qu'un corps de francs-tireurs occupait la forêt de Lavacheresse, quand ils pensaient que celui de la veille avait fui vers Langres...

XI

La défaite de l'*Avant-Garde* à Lamarche refroidit singulièrement l'enthousiasme patriotique qui s'éveillait ; les espérances que le comité et la troupe sous ses ordres avaient fait naître disparurent dans le naufrage, et, sous la

pression de la crainte, les malheureuses populations vos-
giennes retombèrent dans leur ancienne torpeur.

M. Martin résolut de mettre fin au rôle militant dans
lequel il avait été prématurément entraîné ; il était clair,
en effet, que l'insuffisance des moyens mettait le comité
hors d'état d'opposer à l'ennemi une résistance victorieuse ;
en continuant ainsi, on n'arriverait certainement qu'à
s'épuiser dans des luttes stériles, et la haute mission confiée par le gouvernement de la défense nationale, la
rupture de la voie ferrée de Paris à Strasbourg, devenait
impossible.

Il recommanda donc au comité de s'établir définitivement au camp de Boëne, de fortifier cette position par
quelques travaux provisoires, et se rendit une deuxième
fois à Langres pour arracher enfin à cette forteresse et
mettre en œuvre, quelques-uns des éléments d'action qui
s'y trouvaient immobilisés.

Le général Arbelot, plein d'admiration pour l'héroïque
défense de Lamarche, se montra cette fois disposé à aider
quelque peu M. Martin ; il autorisa l'enrôlement dans
l'*Avant-Garde de la Délivrance* des soldats en subsistance
à la citadelle, il promit 20,000 cartouches et consentit à ce
que la compagnie des mobilisés de Neufchâteau se rendît
au camp de Boëne, mais il refusa obstinément de la poudre
et des armes. Le capitaine Bernard, qui accompagnait le
chef militaire, fut chargé de procéder immédiatement au
recrutement des hommes de la citadelle.

Ce même jour, le 16 décembre, M. Martin enrôla lui-
même, dans l'*Avant-Garde*, M. Adamistre, qui était venu
spontanément s'offrir à lui comme simple volontaire, dès
qu'il avait eu vaguement connaissance à Langres du but
que le comité militaire des Vosges se proposait. Cette recrue, ancien sous-officier des armées d'Afrique et d'Italie,
conducteur des ponts et chaussées, ex-capitaine commandant de la garde nationale de Bains (Vosges), fut nommé
séance tenante, par le chef militaire, capitaine au corps
franc de l'*Avant-Garde de la Délivrance*.

Le chef militaire des Vosges, Meurthe et Meuse, avait
le droit de nommer à tous les grades, jusqu'à celui de capitaine inclusivement il mit le capitaine Adamistre à la
disposition du capitaine Bernard.

M. Martin quitta Langres le lendemain, mais à peine en
était-il sorti que le général Arbelot retirait l'une après
l'autre les concessions promises, et les capitaines Bernard
et Adamistre n'emmenèrent avec eux au camp, le 19 décembre, qu'une trentaine d'hommes de la citadelle qui
s'étaient évadés pour les suivre.

XII

Dans son isolement, l'*Avant-Garde* puisa une énergie nouvelle, chacun redoubla d'efforts et se mit à l'œuvre avec une ardeur fiévreuse, et bientôt le camp de la *Délivrance* fut en pleine activité.

Un peloton d'éclaireurs à cheval fut rapidement organisé par les soins exclusifs du capitaine Bernard, et monté par voie de réquisition sur tous les chevaux de selle existant dans la contrée.

Le camp fut entouré d'une solide palissade que nul étranger comme nul déserteur ne pouvait franchir, gardée qu'elle était au quatre issues et aux angles par de nombreuses sentinelles.

Un blockhauss fut établi au centre du camp, à cheval sur le chemin de Villotte à Sauville, sur les indications du lieutenant Coumès, qui s'occupait aussi de réglementer militairement le service intérieur et des avant-postes.

Sous la direction du capitaine Adamistre, des palanques furent établies du 20 au 24 décembre aux avant-postes de Rocourt et de Villotte : on créa un avant-poste nouveau à l'issue de la forêt, sur le chemin de Sauville, également avec palanques, et plus tard des baraques nouvelles, ainsi que des huttes, furent construites pour abriter les recrues qui affluèrent en janvier 1871.

Le comité fit en outre ouvrir des tranchées et exécuter des abattis aux abords du camp, qui devint ainsi une espèce de réduit perdu dans les profondeurs de la forêt.

En quelques jours un service complet de renseignements militaires fut organisé et couvrit de son réseau tout le pays d'alentour ; il fut établi des relais permanents de facteurs clandestins, qui apportaient chaque jour les nouvelles d'Epinal, de Mirecourt, de Neufchâteau, etc. Les gardes forestiers et les cantonniers des ponts et chaussées dirigés les uns par M. Oudin, conducteur, les autres par M. Loppinet, garde général, accomplissaient avec ardeur ce service dangereux ; enfin les maires reçurent l'ordre exprès de signaler avec célérité les approches de l'ennemi.

Pour l'aider à maintenir partout l'ordre et le respect des lois, M. Victor Martin appela à lui la gendarmerie de l'arrondissement de Neufchâteau, qui se trouvait en ce moment à Langres sous les ordres du lieutenant Lepidi. Les populations virent avec joie revenir au milieu d'elles cette sauvegarde du droit et de la justice, et le dévouement de ces fidèles serviteurs de la loi facilita singulièrement au sous-préfet l'accomplissement de la tâche arduc qu'il avait entreprise.

Le comité s'occupa d'installer au camp les divers services militaires. Une maréchalerie, une armurerie furent créées. Une ambulance provisoire reçut les malades qu'on ne jugeait pas à propos de transporter à Lamarche, et le fonctionnement de l'intendance fut organisé sous la direction de M. Rollin, puis de M. Simonin, qui fut nommé plus tard membre du comité (pièce annexée n° 1). D'accord avec les commandants de compagnie, le comité de défense organisa au camp une police sévère ; la discipline de la troupe revêtit même en certains cas un caractère excessif (1).

Pour assurer l'alimentation des hommes d'une manière constante, le comité organisa sur les communes un système régulier de réquisitions en nature, système suivant lequel chaque localité devait, à des époques périodiques, fournir au camp une certaine quantité d'objets de consommation désignés d'avance.

Bien d'autres points accessoires dont nous ferons grâce au lecteur furent encore réglés par le comité, composé de M. Victor Martin, président, résidant à Lamarche, avec M. de Ponlevoy, membre et secrétaire, et de MM. Goupil, Rollin et Tissot, membres du comité, présents au camp. Ils ne faillirent jamais, les uns et les autres, à la mission patriotique dont ils s'étaient spontanément chargés.

Toutefois, l'une des plus graves questions qui pussent préoccuper et le comité et les officiers restait à résoudre ; c'était la fabrication de la poudre de mine dont nous étions dépourvus, et sans laquelle nous ne pouvions remplir notre mission.

Ce fut l'un de ces rares patriotes que la cause de la défense nationale trouva toujours prêts à la seconder, M. Bourguignon, maire de Vrecourt, qui nous procura vers le 10 janvier 1871, grâce à de nombreuses recherches et des relations personnelles fort étendues, un artificier disposé à travailler pour nous. Notre joie fut immense, un laboratoire fut installé au camp et bientôt des essais décisifs affirmèrent l'habileté de nos ouvriers et la réalisation prochaine des espérances conçues.

Les contributions de toute nature furent régulièrement perçues avons-nous déjà dit, par les soins de M. Demangeon, receveur-trésorier payeur, dans les quatre cantons que

---

(1) A la date du 20 décembre, MM. les membres du comité, jaloux à juste titre de leur autorité et désireux qu'elle fut respectée par la troupe, furent tous nommés, par le chef militaire, capitaines d'état-major de l'*Avant-Garde de la Délivrance*.

notre présence protégeait, et les fonds qui en provenaient vinrent se concentrer dans sa caisse. Le comité put payer les bons délivrés antérieurement, et put acheter successivement dans toutes les villes des environs les objets d'équipement que nécessitait le nombre toujours croissant de nos volontaires.

Les dames d'Épinal se signalèrent en cette circonstance par leur patriotique bienfaisance, en faisant parvenir à M. Martin, par l'intermédiaire de M. Aimé Georges, les produits de leurs travaux d'aiguille, produits que le froid, la neige, la rude vie des bois rendaient si utiles à nos pauvres soldats. Qu'il nous soit permis de leur exprimer ici notre profonde gratitude.

Cette longue période d'enfantement que nous eûmes à traverser, du 12 décembre 1870 au 15 janvier 1871, fut plus d'une fois troublée par de sérieuses incursions de l'ennemi. Du 23 au 27 décembre notamment, le pays fut tout à coup envahi par de nombreux détachements qui le sillonnèrent dans tous les sens, sans oser néanmoins aborder le formidable massif où le camp se trouvait assis. Nous ignorions alors quelle cause avait pu nous procurer la visite inattendue de ces hôtes incommodes ; mais nous sûmes après qu'ils n'étaient autres que les flanqueurs du corps d'armée du général de Goltz, qui traversait la Haute-Marne, entre Langres et Lamarche, pour aller par Bourbonne rejoindre l'armée de Werder.

Disons enfin pour terminer, que le sous-préfet, dans la prévision d'un blocus possible, ordonna à cette époque de nombreuses et importantes acquisitions de vivres, de liquides, de bétail, de fourrages qui, transportées au camp, assuraient ainsi pour plus d'un mois l'alimentation des hommes et des chevaux.

Nous ne saurions abandonner ce sujet sans rendre un hommage bien mérité à l'inépuisable bienfaisance d'un homme que nous avons tous connu et aimé, M. Henry, maire de Rocourt-sur-Mauzon.

Placée au pied du camp sur le passage le plus fréquenté par nos troupes, sa maison était devenue un refuge toujours ouvert, où notre chef militaire, le comité, les officiers et les soldats étaient sûrs de rencontrer, la nuit comme le jour, bon accueil et bon gîte. Plus d'une fois peut-être ses bienveillants secours ont conservé l'existence à de braves volontaires, qui rentraient épuisés de froid, de faim et de fatigue, et n'auraient pu, en cet état, s'engager sans péril dans les neiges de la côte. Il fut pour tous un ami dévoué, et nous ne craignons pas d'affirmer qu'il n'est pas un seul d'entre nous qui n'ait gardé le touchant souvenir de ses bontés et de ses sentiments patriotiques.

CHAPITRE DEUXIÈME

Préparatifs militaires. — Combats et incendie de Nogent-le-Roi

I

Au 20 décembre 1870, l'effectif des compagnies du camp était d'environ 130 hommes, savoir :

Compagnie Bernard et peloton des éclaireurs à cheval	60 hommes
Compagnie Coumès	60 —
Compagnie Adamistre	10 —

Il paraissait de toute nécessité de porter cette dernière compagnie au même chiffre que ses deux aînées, mais l'échec de l'avant-garde à Lamarche, avait fait naître la défiance et la crainte dans tout le voisinage et tari la source des enrôlements; on attendait donc en vain de nouveaux volontaires.

Impatient de commander à une compagnie, le capitaine Adamistre partait le 24 décembre en recrutement, de sa propre initiative, pour enrôler des volontaires, des officiers et des soldats évadés. Assisté de M. Denis, son lieutenant, ancien sous-officier de cavalerie, il parcourut les environs de Neufchâteau au milieu même des patrouilles ennemies, non pas sans avoir eu à se garer dans deux circonstances périlleuses. Il fit connaître le nom de l'*Avant-garde de la Délivrance* et détermina vers le camp de Boëne un courant d'émigration qui se maintint jusqu'au dernier jour. Il signala particulièrement à son retour, le 31 décembre, les maires de Grand, de Beaufremont et de Circourt, comme lui ayant prêté le plus chaleureux concours notamment ce dernier, M. Maire, qui fit incorporer ses deux fils séance tenante.

Le camp donnait également asile à une compagnie de 40 mobilisés environ, placés sous les ordres du capitaine Maillère, clerc de notaire à Bulgnéville, noble cœur, nature énergique, digne certainement de commander à des soldats et non à des hommes toujours prêts à déserter. Ils disparurent d'ailleurs totalement du camp dans la nuit du 24 au 25 décembre, et on ne les revit plus.

Le capitaine Maillère se trouvant ainsi sans commandement, partit à son tour en recrutement dans les premiers jours de janvier 1871 avec le lieutenant Rambaux, qui était venu se joindre à lui, après avoir licencié la plus grande partie de ses guides forestiers. Ces deux officiers se rendirent directement à Bains et dans un village voisin, Le Clerjus ; ils rentrèrent sans avoir pu donner suite à leur projet, en raison des nombreusss troupes ennemies qui occupaient cette partie des Vosges. Ils s'installèrent à leur retour au village de La Vacheresse, où ils formèrent une nouvelle compagnie avec les volontaires qui se rendaient à cette époque en grand nombre au camp de Boëne.

Pendant que les capitaines Adamistre et Maillère recrutaient et organisaient leurs compagnies, M. Goupil et le lieutenant Coumès faisaient une reconnaissance détaillée de la ligne ferrée entre Liverdun et Pagny-sur-Meuse. En quelques jours les courageux explorateurs relevèrent la topographie des deux rives du chemin de fer; ils purent se renseigner sur la situation et la force des garnisons prus · siennes, les obstacles, les facilités que devait rencontrer l'entreprise, soit pour l'attaque, soit pour la retraite ; ils · nouèrent aussi des intelligences avec quelques patriotes des localités traversées et leur tracèrent le rôle qu'ils auraient à remplir le cas échéant.

II

Pendant son séjour à Langres, du 14 au 16 décembre, M. Victor Martin ayant reçu du ministère un courrier spécial, avait profité du retour de cet intelligent émissaire pour transmettre à Bordeaux la nouvelle des événements qui s'étaient accomplis jusqu'à cette époque. Par ses dépêches, notre chef annonçait au gouvernement de la défense nationale la capture faite à Contrexéville, la surprise de Dombrot, le combat de Lamarche, la situation critique où nous mettait l'étrange indifférence de la place de Langres; enfin il demandait pour les braves officiers Bernard et Coumès une promotion bien méritée. Il suppliait en outre qu'on nous accordât les secours en hommes, en armes, en munitions qui nous étaient indispensables pour agir sérieusement contre l'ennemi.

Depuis ce temps, le chef militaire attendait avec impatience une réponse à ses communications, quand le 6 janvier 1871, il reçut enfin du ministère le message tant souhaité, en date de Lyon, 25 décembre :

M. Frogier de Ponlevoy, notre cher protecteur, annonçait au sous-préfet que l'illustre chef de la défense nationale, Gambetta, s'était empressé de faire droit à toutes ses demandes. Le lieutenant Coumès était promu au grade de capitaine ; le capitaine Bernard nommé chef de bataillon, était investi du commandement immédiat de toutes les troupes composant le corps de l'Avant-Garde de la Délivrance ; enfin le général Meyère, qui remplaçait à Langres le général Arbelot, avait reçu l'ordre de porter notre effectif à 1,500 hommes et de nous adjoindre le 4ᵉ bataillon du Gard.

III

Ce fut un beau jour pour nous que le 9 janvier 1871. Ce jour-là, le 4ᵉ bataillon du Gard fit son entrée à Lamarche ; les habitants, le comité militaire et quelques officiers de l'Avant-Garde convoqués à cet effet, lui firent l'accueil le plus chaleureux. Le repas du soir nous ayant réunis à la table du sous-préfet, tous les cœurs s'ouvrirent sans contrainte ; ces braves jeunes gens, heureux de se trouver dans un milieu patriote et républicain, heureux d'échapper désormais aux stériles ennuis d'une vie pénible et sans but, donnèrent avec nous un libre cours à leurs sentiments patriotiques.

Des toasts accueillis par de fiévreuses acclamations furent portés à la Liberté, à la République, au triomphe de la Défense nationale, à Gambetta, à son zélé coopérateur, M. de Freycinet, et au commandant Frogier de Ponlevoy à qui nous devions la bonne fortune de nous trouver ensemble.

Tous savaient que l'heure du combat était venue ; la pensée de nos luttes prochaines enflamma toutes les âmes d'une indicible ardeur, et ce devait être un spectacle entraînant que celui de l'exaltation guerrière qui nous animait tous.

Le bataillon du Gard était animé d'un excellent esprit ; c'était une vaillante troupe qui avait déjà reçu le baptême du feu en diverses circonstances : à Nogent-le-Roi le 7 décembre, à Longeau le 14, et au fort de Peigney, sous Langres, le 23. Ses compagnies furent cantonnées à Soulancourt, Vrécourt, Saint-Ouen et Bulgnéville, en attendant qu'on les appelât pour l'expédition projetée dont elles ignoraient d'ailleurs absolument le but.

IV

Depuis longtemps le comité de défense s'occupait en secret de l'œuvre capitale vers laquelle tendaient tous ses efforts: MM. Goupil, Rollin et Tissot, assistés de M. Loisant, ce dernier ingénieur civil qui s'était joint à l'*Avant-Garde* depuis l'affaire de Dombrot, et qui remplissait au camp les fonctions de secrétaire du comité avec voix consultative, avaient longuement étudié tout ce qui se rattachait à l'entreprise projetée et fait les préparatifs nécessaires pour en assurer le succès. Plans, boussoles, échelles de corde, lanternes à signaux, outils divers, tout était prêt.

La poudre fabriquée au camp ayant été reconnue de médiocre qualité, M. Martin envoya à Langres M. Tissot et le capitaine Coumès, avec mission d'y chercher de nouvelles recrues et de ramener plusieurs centaines de kilogrammes de poudre de mine. Ils rentrèrent au camp le 15 janvier avec 400 kilogrammes de poudre et des cartouches, mais sans recrue. Quant aux mèches, elles avaient été fournies par M. Beylier, entrepreneur de travaux publics, à la sollicitation personnelle de M. Tissot.

Pendant toute cette période de préparatifs, les compagnies Bernard, Coumès, Adamistre et Maillère portaient leur effectif à environ 80 hommes chacune, mais les volontaires arrivaient en grand nombre, les armes manquaient, et l'on dut former, dès le 16 janvier, une nouvelle compagnie avec les hommes non armés.

La compagnie Bernard, dont le capitaine, devenu commandant, conserva néanmoins la direction particulière, prit le n° 1 du bataillon de l'*Avant-Garde de la Délivrance*. La compagnie Adamistre prit le n° 2, et la compagnie Maillère le n° 3.

Et ainsi de suite, par rang d'ancienneté dans l'*Avant-Garde*, jusqu'au n° 7, qui fut atteint vers la fin du mois de janvier.

Le capitaine Coumès obtint de M. Martin que sa compagnie ne fut pas numérotée, mais elle fit quand même partie intégrante de l'*Avant-Garde* et marcha constamment, comme les compagnies de francs-tireurs de MM. Richard et Magnin, dont il va être question au paragraphe suivant, sous les ordres du comité et du commandant Bernard. Ces trois compagnies furent licenciées à Chambéry, au même titre que le bataillon de l'*Avant-Garde de la Délivrance*, ainsi qu'on le verra au chapitre quatrième de ce récit.

V

Ce même jour, 15 janvier, arrivaient au camp les débris de deux compagnies de francs tireurs, aux ordres l'une du capitaine Richard et l'autre du lieutenant de turcos Magnin, bien connus tous deux pour leur caractère audacieux et entreprenant.

Pendant son séjour à Langres, M. Victor Martin, qui désirait s'attacher ces braves officiers, les avait vivement pressés de se joindre à lui, et leur avait enfin arraché une promesse de concours qu'ils venaient fidèlement remplir. Les deux compagnies avaient les plus beaux états de service. Après avoir brillamment combattu dans les départements de la Haute-Marne et de la Côte-d'Or, elles s'étaient sacrifiées ensemble pour la défense de Nogent-le-Roi, brûlé par l'ennemi; et ce glorieux désastre avait scellé entre elles une étroite confraternité d'armes ; elles ne se quittèrent plus.

Ici nous demanderons au lecteur la permission de retourner un instant en arrière. Nous ne pouvons passer sous silence de mémorables événements auxquels nos frères ont pris une si grande part.

Le 6 décembre 1870, vers midi, un détachement prussien fort d'une centaine d'hommes arrivait en réquisition à Nogent; c'était la première fois que la petite ville avait à subir les insolentes exigences de l'ennemi. La vue de ces soldats stationnant sur la place de l'Hôtel-de-Ville surexcitait les esprits ; des groupes nombreux ne tardèrent pas à se former autour des réquisitionnaires, et sans savoir positivement ce qui allait se passer, chacun pressentait un événement. Irritée, frémissante, la population semblait prête à se jeter sur les envahisseurs, quand une compagnie de mobiles de la Haute-Savoie, arrive au pas de course, surprend et tue les deux sentinelles allemandes, puis, débouchant tout à coup sur la place, engage une vive fusillade avec l'ennemi. Mais celui-ci ne se sent pas assez fort pour soutenir la lutte ; il prend aussitôt la fuite, laissant aux mains de nos soldats ses sacs, ses bagages, un blessé et deux prisonniers qu'on expédie le soir même à Langres. Tel fut le premier acte du drame de Nogent.

Il fallait évidemment s'attendre à revoir les Prussiens ; ils ne pouvaient laisser impuni un exemple de rébellion, qui, en se propageant, leur fût devenu funeste. Aussi la municipalité de Nogent pria-t-elle instamment le général Arbelot, gouverneur de Langres, de lui envoyer sans retard un renfort capable de résister au retour offensif qui semblait imminent.

Ces prévisions n'étaient pas vaines ; dès le lendemain, 7 décembre, une colonne ennemie, forte de quatre à cinq cents fantassins, cinquante cavaliers et deux canons, se dirigeait de Chaumont sur Nogent, où elle était en vue vers dix heures du matin.

Arrivée à petite portée, au nord-est de la ville, elle met ses pièces en batterie, et commence immédiatement le bombardement.

Il n'y avait en ce moment à lui opposer d'autres forces françaises que la compagnie de la Haute-Savoie, capitaine Saint-Jean, qui avait chassé la veille les réquisitionnaires, et une compagnie de mobiles du Gard, commandée par le capitaine Pradel : en tout cent cinquante hommes environ. Ces deux officiers craignant d'être enveloppés et pris, dans Nogent même, par une seconde colonne qu'on avait signalée à tort sur la route de Foulain, se décidèrent à transporter au dehors le théâtre de l'action. D'après un plan concerté d'avance, la compagnie du Gard, se portant vers le nord-ouest, gravit le coteau élevé de Lapeyrière, qui domine l'aile droite de l'ennemi et son artillerie, en même temps les mobiles de la Haute-Savoie, décrivant au sud-est un arc de cercle extérieur, se préparent à assaillir son flanc gauche.

Pendant que s'opérait cette manœuvre combinée le canon tonnait sans relâche. Enfin, pensant avoir dompté par les obus tout esprit de résistance, les Prussiens osent aventurer dans les rues quelques cavaliers qui les parcourent sans être inquiétés. Sûre alors de ne rencontrer aucun obstacle, l'infanterie s'avance bravement et se répand dans la ville haute, brisant tout sur son passage, pillant les maisons, frappant femmes, enfants, vieillards, tirant sur tous les citoyens valides qui se présentent devant elle. Dix-sept habitants notables saisis dans leur domicile sont entraînés violemment. De ce nombre est le digne maire de Nogent, M. Combes, qui se voit renversé, foulé aux pieds, meurtri de coups, et finalement arraché tout sanglant des bras de sa femme éplorée.

C'est alors que nos jeunes mobiles entrent en scène, s'élançant au pas de course du fond de la vallée, la compagnie de la Haute-Savoie débouche vivement sur le faubourg oriental des Hautes-Vignes, et fait reculer à coups de fusil les Prussiens qui commençaient à l'envahir. Le capitaine Saint-Jean lui-même, armé d'un chassepot, jette bas le chef qui les commandait. Mais cette mort ne fut que trop cruellement vengée. Pénétrant à l'instant même dans les maisons voisines, nos barbares agresseurs s'emparent de trois citoyens inoffensifs et, sur l'ordre d'un officier, les fusillent contre un mur. Leur vaillance heureusement n'était pas à la hauteur de leur férocité. Saint-Jean a bientôt nettoyé le faubourg ; prolongeant vers l'est son mouvement demi-circulaire, il pénètre dans le cimetière, abrite ses hommes derrière les murs d'enceinte et fait pleuvoir de là une grêle de balles sur la gauche de l'ennemi qui déjà commence à plier.

En ce moment même les mobiles du Gard, du haut du plateau de Lapeyrière, ouvraient un feu violent sur sa droite. Quoique surpris de cette attaque imprévue, les Prussiens commencent néanmoins par riposter avec vigueur, mais bientôt canonniers, chevaux, fantassins, roulent à terre, pendant que les nôtres, protégés par des obstacles de toute sorte, déciment impunément les rangs ennemis. Assaillis des deux côtés à la fois, nos adversaires ne peuvent plus tenir ; l'artillerie s'enfuit au plus vite avec le reste de ses attelages ; puis l'infanterie emboîte le pas derrière elle, emmenant trois voitures de morts et de blessés, et laissant deux prisonniers aux mains de nos braves mobiles. Ainsi 500 Prussiens munis d'artillerie étaient mis en déroute par 150 mobiles conscrits armés de fusils à tabatière.

Malheureusement les vaincus entraînaient avec eux dix-sept innocents qui devinrent entre leurs mains les victimes expiatoires de la défaite. A peine éloignés du champ de bataille, ces forcenés se jettent sur les malheureux otages, en tuent quatre, en blessent deux à coups de fusil, et font subir aux autres les plus odieuses violences. Leur rage assouvie, ils vont ensuite s'attabler à Biesles, où ils achèvent de se consoler dans une orgie qui dure jusqu'à la nuit.

C'était en vain que durant le cours de la lutte les défenseurs de Nogent avaient attendu les secours instamment demandés à la place de Langres. Le général Arbelot s'était à la vérité mis en route à 7 heures du matin, avec une petite colonne forte de deux mille hommes et de deux pièces de canon. Mais au lieu de marcher droit sur le point menacé, il avait pris la direction de Chaumont jusqu'à Vesaignes. Arrivé sur le plateau qui domine ce village, il était resté là deux heures durant, auditeur impassible du drame qui se jouait à 9 kilomètres de lui, et dont par moments les explosions lointaines révélaient toute la gravité.

Enfin, à midi, quand les détonations de l'artillerie ont cessé de se faire entendre, quand le combat semble terminé, le général Arbelot se replie tranquillement sur Rolampont et se dirige de là vers Nogent, où il entre à trois heures pour saluer la victoire de nos jeunes mobiles, vic-

toire dont il eût pu faire un éclatant triomphe. Le lendemain 8 décembre, il repartait pour Langres, laissant dans
la petite ville 1,200 hommes chargés de la défendre à tout
événement.

Il serait difficile de dépeindre la fureur de l'état-major
ennemi à la nouvelle de ce second échec, qui donnait aux
populations la mesure de la valeur prussienne. La destruction de Nogent fut résolue. De sinistres avis parvinrent à
ses malheureux habitants ; ils apprirent de Chaumont que
des menaces terribles étaient proférées contre eux, que le
geôlier prussien avait annoncé aux otages l'incendie prochaine de leur ville, que les bidons des soldats avaient été
remplis de pétrole. Irrités plutôt qu'épouvantés de ces
féroces bravades, les Nogentais et les soldats laissés à leur
garde étaient résolus à combattre jusqu'à la mort, quand
le 11 décembre, au matin, arriva un ordre du général
Arbelot rappelant à Langres les 1,200 hommes de garnison.

C'était l'arrêt de mort de la petite ville ; abandonnée sans
défense aux fureurs d'un implacable ennemi, elle se sentait
perdue et se prépara dans les larmes à subir le martyre qui
l'attendait.

Le soir même les Prussiens de Chaumont apprenaient
par leurs espions le départ des défenseurs de Nogent; ils
crurent dès lors pouvoir accomplir sans danger leurs sinistres projets, et le lendemain 12 décembre, jour à jamais
néfaste dans les annales de la cité Nogentaise, ils sortirent
de Chaumont en deux colonnes disposées d'avance pour
l'horrible exécution. La première, forte de 2,000 fantassins et de deux bouches à feu, prit la route de Langres
jusqu'à Foulain, puis marcha de là sur Nogent, qu'elle venait d'entourer vers l'ouest; la seconde, composée d'un
bataillon d'infanterie, de six pièces de canon et de 2 à
300 cavaliers, devait compléter l'investissement du
côté opposé, et se dirigea en conséquence par la route de
Bourbonne.

En rappelant ses 1,200 hommes, le général Arbelot
avait laissé, en échange, la compagnie Richard des francs-
tireurs de la Meuse, forte de 40 hommes et commandée en
l'absence du capitaine par le lieutenant Cognéville et le
sous-lieutenant Lorrain. Dans l'après-midi du 11 décembre,
24 soldats évadés, sous les ordres du lieutenant de turcos
Magnin et du sergent Zablot, étaient venus se joindre à la
compagnie Richard. Enfin, une trentaine de gardes nationaux Nogentais, armés de fusils de chasse, avaient spontanément renforcé la petite troupe. C'était en tout une
centaine de combattants qui allaient soutenir une lutte
épique contre des forces quarante fois supérieures en nombre, munies d'une artillerie formidable. Mais ces braves

étaient inaccessibles à la crainte, et une effrayante disproportion ne troubla pas un instant leur courage. Instruits
dès le matin de la marche de l'ennemi, les deux jeunes
chefs en avertirent immédiatement le général Arbelot, déjà
prévenu par le chef de gare de Foulain ; ils expédièrent en
même temps des estafettes à Montigny, Poinson, Vitrey,
Rolampon, pour demander le concours de différents corps
de mobiles cantonnés dans ces localités, puis, calmes et
stoïques au milieu de la consternation générale, ils attendi-
rent gravement le moment suprême.

Dans l'intervalle, les deux colonnes ennemies avaient
accentué leur mouvement. Celle de l'ouest, quittant à Foulain la route de Langres, avait remonté la vallée de la
Treize et s'était divisée en trois corps à la hauteur de Lou-
vières ; pendant que le centre continuait sa marche en
ligne droite, la droite s'engageait dans le bois de Marsois
pour aller occuper la route de Nogent à Langres et border
la lisière orientale de la forêt, d'où la petite ville était complètement dominée ; la gauche, décrivant un demi-cercle,
se dirigeait par Sarcey vers la pointe élevée de Lapeyrière.
Quant à la colonne qui opérait vers l'est, elle avait suivi
la route de Bourbonne par Biesles et Mandres, puis le
chemin vicinal qui mène à Nogent : arrivée à demi-portée
de canon, elle avait mis ses pièces en batterie et déployé à
gauche son infanterie et sa cavalerie, de manière à barrer,
non seulement la route de Bourbonne, mais aussi le plateau tout entier où est assise la ville haute. Vaste cercle de
fer et de feu, au milieu duquel se trouvaient enfermées,
sans issue, la pauvre condamnée et l'héroïque troupe de
ses 100 défenseurs.

Le corps qui marchait sur Sarcey fut signalé le premier.
A la nouvelle de son apparition, Cognéville et Magnin, qui
voulaient arrêter l'ennemi au dehors pour donner aux renforts le temps d'accourir, s'élancent à sa rencontre par le
plateau de Lapeyrière. En arrivant au-dessus de la ferme
de Paicheuse, ils se trouvent en face des Prussiens et le
combat s'engage immédiatement. Presque au même moment,
la colonne venue par la route de Bourbonne ouvrait le feu de
ses pièces sur la ville haute et ne suspendait un instant le
bombardement que pour envoyer son infanterie ravager les
quartiers où s'était produite la résistance du 7 décembre.

De son côté, l'aile droite de l'autre colonne, parvenue à
travers bois sur la route de Langres à Nogent et sur la lisière de la forêt de Marsois, repoussait à coups de fusil les
malheureux habitants, qui s'enfuyaient épouvantés pendant que le centre, poursuivant tranquillement sa route le
long de la Treize, s'approchait de la ville basse.

L'aile gauche ennemie, nous l'avons dit, était alors aux

prises avec les nôtres vers Sarcey. Abrités derrière tous les obstacles et dirigeant leurs coups avec un admirable sang-froid, nos braves font à chaque instant des trouées sanglantes dans les masses humaines qui s'avancent contre eux. Leurs chefs sont au premier rang, parcourant sans cesse la ligne de bataille, enflammant tous les cœurs de la généreuse ardeur qui les anime. Pendant une heure, l'ennemi voit échouer tous ses efforts contre cette résistance désespérée et jonche la neige de ses morts. Trois fois il ose presser de trop près ces intrépides lutteurs, qui trois fois s'élancent la baïonnette au bout du fusil, et le repoussent au loin en désordre.

Mais le corps du centre, qui cheminait dans la vallée de Nogent-le-Bas, avait entendu, en arrière sur la gauche, le crépitement de la fusillade. Il rétrograde aussitôt et s'engage avec son artillerie dans un ravin qui va déboucher sur le plateau où se passait l'action. Au sommet du coteau se trouvait le garde national Georgin, habile et intrépide chasseur. Apercevant d'en haut les nouveaux assaillants, ce brave se poste seul à leur rencontre, sans souci du danger, il attend, embusqué derrière une roche, que l'ennemi soit arrivé à petite portée de fusil. D'un premier coup il abat alors le commandant de la colonne, mortellement blessé de plusieurs chevrotines, tue un soldat de son second coup, et se met à recharger tranquillement son arme quand un feu de peloton le renverse mort.

Exaspéré de la perte de leur chef, personnage, assure-t-on, d'une naissance princière, ces Prussiens se jettent avec rage sur le flanc gauche de notre petite troupe qui, pour échapper à une destruction immédiate, se voit forcée de battre en retraite. Mais l'artillerie, qui balayait à l'est les alentours de Nogent, leur interdit tout passage de ce côté; la route de Langres, la forêt de Marsois sont occupées; entourés de toutes parts, nos malheureux soldats n'ont plus d'autre ressource que de se jeter dans la ville basse et l'ennemi, qui les a aperçus de la lisière du bois, vient bientôt leur fermer cette issue.

L'heure fatale était venue pour les héroïques défenseurs de Nogent. Les uns, escaladant les murailles, se glissant le long des clôtures, parviennent à sortir vivants de ce tombeau; les autres, serrés de près, n'ont que le temps de se réfugier dans les maisons, dans les caves, dans les greniers, où leurs bourreaux les traquent et les tuent sans pitié. Dans leur fureur, les Prussiens ne respectent plus aucune loi humaine. L'un de nos blessés est arraché des mains du chirurgien qui le soigne, et massacré sous ses yeux ; après avoir fusillé un pauvre franc-tireur, outrageant leur victime jusque dans la mort, ils placent sur son cadavre un chien qu'ils ont tué à dessein ; ils pénètrent violemment dans l'ambulance, frappent les dignes sœurs hospitalières, et, sans égard pour leurs supplications, entraînent au dehors un mobile malade, qu'ils égorgent à l'instant, soldats ou citoyens, tout ce qui s'offre à leur vue est passé par les armes.

Mais le meurtre ne suffit pas à l'accomplissement de leur barbare mission ; bientôt les assassins devenus incendiaires, entassent fascines et paillasses dans les vestibules, dans les maisons, puis ils répandent à flots sur ces matières combustibles le pétrole que contiennent leurs bidons, et par un cynique raffinement de cruauté, quelques malheureux habitants sont forcés d'allumer de leurs propres mains ces sinistres bûchers. En un instant la ville basse est en feu : tous ceux qui ne périssent pas dans les flammes se précipitent par les fenêtres dans la rue, où les accueillent une grêle de balles et des hourras sauvages. Plusieurs sont blessés, d'autres estropiés, quelques-uns tués. Trois francs-tireurs sont saisis et rejetés dans les flammes. Une mère de famille qui se trouvait dans les douleurs de l'enfantement et pour laquelle la sage-femme avait en vain demandé grâce est obligée de sauter comme les autres par une lucarne du premier étage. Quatre-vingts maisons brûlant à la fois ne forment plus qu'un immense brasier ; cent vingt familles sont privées d'asile et de ressources.

Au milieu de cette épouvantable tourmente, le brave Cognéville et douze des nôtres avaient disparu. Quel supplice fut le leur ? ...

La ville haute eut bien moins à souffrir que sa sœur infortunée. Elle fut, il est vrai, fort éprouvée par le bombardement qui y causa partout des dégâts considérables; néanmoins les maisons restèrent debout et purent fournir un abri aux malheureuses victimes de la ville basse. Plus cupides ou moins féroces que les bandes incendiaires, les soldats chargés de l'exécuter s'attardèrent dans le pillage et la dévastation, saccageant tout ce qu'ils ne pouvaient emporter ; mais ils n'y allumèrent que de rares incendies, qu'on eut encore le bonheur de pouvoir éteindre à temps. Peut-être l'auraient-ils anéantie à son tour, si l'apparition soudaine d'une colonne française dans la direction de Montigny n'eût décidé rapidement leur retraite.

Il était quatre heures après midi quand la horde teutonne s'éloigna enfin du théâtre de ses horribles exploits, laissant derrière elle le deuil, la ruine, la mort. Avant de disparaître, ces bourreaux se retournèrent un instant pour contempler l'agonie de leur victime, et pareils à une bande de bêtes fauves, ils lui envoyèrent leur dernier adieu, un long et sinistre hurlement. Ils étaient joyeux : ils avaient durant une journée entière tué, brûlé, volé, saccagé, et s'en retournaient chargés d'un immense butin !

Tous cependant ne devaient pas revoir Chaumont : les balles des défenseurs de Nogent avaient vengé d'avance le supplice de tant de Français. Outre le produit de leurs vols, les barbares emmenaient aussi avec eux des voitures chargées de morts et de blessés, leurs fourgons couverts n'avaient même pas pu suffire au funèbre transport, et ils avaient dû laisser, sur la lisière du bois voisin de Nogent, un monceau de trente cadavres qu'ils vinrent chercher le lendemain.

Au récit de tant d'horreurs, le lecteur aura pu se croire le jouet d'un songe effrayant, ou la dupe de quelque conte lugubre enfanté par une imagination maladive.

Et pourtant rien n'est plus véridique, plus rigoureusement exact que tous ces détails des atrocités commises par les Prussiens pour venger leur défaite. Bazeille, Châteaudun, Fontenoy, et bien d'autres sont là d'ailleurs pour témoigner que la rapine, l'incendie, le meurtre ne sont que jeux d'enfants aux yeux de ces conquérants d'un autre âge.

Seul, parmi les diverses troupes françaises qui rayonnaient autour de Langres et auxquelles les lieutenants Cognéville et Magnin avaient demandé secours, le bataillon du Gard, au bruit du canon, voulut se rendre à leur appel. Malheureusement, son commandant Petiton (Anatole), désagréablement surpris, perdit un temps précieux en hésitations, en discussions violentes avec ses officiers, pendant que le bataillon sous les armes demandait à grands cris l'ordre de départ. On partit enfin, mais trop tard, et à peine les avant-postes ennemis étaient-ils en vue qu'un dernier coup de canon marquait la consommation du sacrifice. Bien que tardive, la marche des mobiles du Gard ne fut pas néanmoins complètement inutile, car ce fut, comme on l'a vu, leur apparition qui détermina les exécuteurs à lâcher leur proie,

Ainsi succombèrent une ville française et une poignée de héros, quand, à quelques lieues de leur tombeau, la garnison de Langres restait tranquillement à l'abri des murs de cette forteresse, quand un commandant français, celui-là même qui nous avait laissé écraser la veille à Lamarche, aurait pu, en se pressant un peu, épargner un tel désastre à la patrie !...

Renforcés de quelques braves, les survivants de Nogent reprirent bientôt la campagne et, fidèles au serment de mort que leur avait arraché le supplice de leurs compagnons d'armes, ils immolèrent de nombreux ennemis à la mémoire de ces chers martyrs.

Une nuit enfin, livrés par des traîtres, ils furent cernés pendant leur sommeil, dans le village de Dannemarie, et ne durent leur salut qu'à la courageuse intervention des habitants du lieu. Surpris mais non effrayés de la nocturne irruption de l'ennemi, les braves citoyens de Dannemarie surent dérober à toutes ses recherches les pauvres soldats français, en les cachant adroitement dans les coins les plus reculés de leurs habitations, en les déguisant sous leurs propres habits. Un seul franc-tireur que le bruit avait attiré dans la rue y fut massacré, mais non sans vengeance ; un second parvint à s'échapper après avoir tué trois Prussiens qui lui barraient le passage ; tous les autres restèrent sans bouger, sous la tutelle de leurs dignes hôtes, au milieu de ce flot maudit qui inondait toutes les maisons. Le maire, M. Ravier, fit preuve en cette circonstance du plus admirable dévouement. Impassible sous les menaces et les violences de toute nature, il affirma audacieusement aux Prussiens, au péril de ses jours, que notre troupe avait quitté depuis longtemps déjà sa commune ; et ce furent ses patriotiques efforts qui les déterminèrent à cesser leurs investigations.

Voyant ses recherches infructueuses, l'ennemi se décida à la retraite, au grand soulagement de tous, et cette nuit si cruellement commencée s'acheva pour les Français de Dannemarie dans une effusion mutuelle des plus chaleureuses sympathies. Le jour venu, la petite troupe remercia une dernière fois ses généreux sauveurs, puis elle fit route pour le camp, où l'*Avant-Garde de la Délivrance* lui ouvrait ses rangs avec joie.

CHAPITRE TROISIEME

Le pont de Fontenoy.

I

On était au 15 janvier 1871, le nombre des volontaires augmentait tous les jours au camp de la Délivrance, une 4ᵉ compagnie franche était en formation, 400 kilogrammes de poudre et le matériel nécessaire pour l'expédition projetée étaient mis à la disposition du comité. Le chef militaire avait appris, la veille, que l'armée de Bourbaki s'avançait vers l'Est, ses espions étaient venus jusqu'à Lamarche, l'espoir naissait de tous côtés, le jour de la délivrance semblait proche, il fallait sans retard couper les communications avec l'Allemagne de l'armée ennemie qui assiégeait Paris.

M. Martin convoqua le comité et le commandant Bernard à Vrécourt, où il avait donné rendez-vous à M. Alexandre, chef de section de la Compagnie de l'Est pour la partie de la ligne comprise entre Frouard et Commercy qui s'offrait aux coups de l'*Avant-Garde*. Il s'agissait de déterminer, en conseil, lequel il fallait détruire des quatre ouvrages d'art munis de dispositifs de mine qui existaient sur ce parcours, savoir :

A l'est de Toul, le pont-viaduc de Fontenoy-sur-Moselle à 7 kilomètres, puis 12 kilomètres au delà, celui de Liverdun ; à l'ouest, le tunnel de Foug à 8 kilomètres de la forteresse, et celui de Pagny-sur-Meuse à 5 kilomètres plus loin.

II

La délibération fut longue et animée. Dès l'abord on écarta les deux ouvrages extrêmes : le pont de Liverdun et le souterrain de Pagny ; la discussion se concentra donc sur le souterrain de Foug et le pont de Fontenoy.

Foug présentait à l'entreprise de nombreuses difficultés. Il y avait 40 mètres cubes de terre à extraire et à transporter de nuit, travail long et difficile pendant lequel on aurait sans doute à se défendre contre une attaque combinée ; il fallait un matériel spécial qu'on ne pouvait traîner avec soi ni trouver dans le village sans grande perte de temps ; de plus, il fallait agir dans l'intérieur même du souterrain, péril immense pour les travailleurs. D'autre part la constitution plus ou moins résistante des couches intérieures de la montagne pouvait rendre l'effet de la mine plus ou moins violent, l'obstruction plus ou moins complète, et il était possible que l'explosion n'aboutît qu'à un demi-résultat ; enfin nous devions rencontrer à Foug l'ennemi en éveil et la résistance organisée. Depuis longtemps, en effet, l'opinion publique justement préoccupée de la destruction du chemin de fer, signalait ce tunnel aux attaques des corps francs et à la surveillance de l'ennemi ; quelques tentatives infructueuses s'étaient déjà produites sur ce point, et les abords en étaient déjà gardés par une compagnie d'infanterie et une demi-batterie d'artillerie ; toute surprise de ce poste était donc impossible.

Restait l'attaque de Fontenoy dont M. Alexandre fit valoir les facilités et les avantages. Ici tout était simple et court, aucun péril à craindre : les Prussiens ignoraient l'existence de la mine et n'exerçaient conséquemment aucune surveillance ; Fontenoy n'était gardé que par un poste de 50 hommes facile à surprendre et au besoin à détruire ; le plan à la main, on pouvait trouver instantanément la pile qui recélait le dispositif de mine, il n'y avait plus qu'à enlever 50 centimètres de ballast pour découvrir l'ouverture fermée par une trappe.

La poudre et les mèches posées, le ballast de la voie devait servir de bourre, et l'on comptait que toutes ces diverses opérations demanderaient au plus une heure de travail.

L'itinéraire ayant été fixé à travers bois jusqu'à Fontenoy et les principaux détails de la marche ayant été réglés ; d'autre part, les accessoires tels que : matériel, approvisionnements, signaux de direction étant préparés, la destruction du pont de Fontenoy fut résolue à l'unanimité, M. Martin s'en remit au commandant Bernard des dispositions de prudence à prendre pendant cette marche périlleurse ; il fixa le départ au lendemain soir 17 janvier et la destruction du pont à la nuit du 19 au 20 janvier.

III

Dès que la nouvelle d'une expédition immédiate fut connue au camp, la joie s'y manifesta par des cris belliqueux. Le commandant Bernard décida que la colonne expéditionnaire se composerait :

1° Du bataillon du Gard comptant environ 800 mobiles ;

2° D'une petite troupe de 300 hommes choisis dans le bataillon de la Délivrance, parmi l'élite des compagnies Bernard, Adamistre, Maillère ;

3° Des trois compagnies de partisans Coumès, Richard et Magnin ; plus, de 7 éclaireurs à cheval.

Une centaine d'hommes étaient laissés au camp sous les ordres du lieutenant Denis.

Le 17 janvier, au soir, les cartouches attendues de Langres et que l'on savait en route n'étant pas encore arrivées, on dut remettre le départ au lendemain.

Les trois membres du comité militaire présents au camp, dont l'un M. Tissot, n'avait pu assister au conseil tenu à Vrécourt, sous la présidence du sous-préfet, résolurent de profiter de ce contre-temps pour réunir tous les officiers de l'expédition et examiner de nouveau la question de Foug ou Fontenoy.

Ce conseil de guerre fut présidé par le commandant Bernard ; les officiers y discutèrent en toute liberté et sans tenir compte de la décision de Vrécourt qu'ils ignoraient. Malgré la vive opposition de M. Goupil, qui tenait pour Foug, la destruction du pont de Fontenoy fut une seconde fois décidée.

Le conseil prit ensuite les résolutions suivantes :

1° La colonne entière, mobiles et francs-tireurs, se concentrera à Vaudoncourt dans la soirée du 18 et se rendra pendant la nuit à la ferme-école de Lahayevaux, à trois kilomètres au nord d'Attignéville ;

2° De Lahayevaux, le bataillon du Gard se portera sur Foug pour simuler une attaque du souterrain ;

3° Les francs-tireurs se porteront sur Fontenoy ;

4° La démonstration sur Foug et l'attaque de Fontenoy devront autant que posible avoir lieu à la même heure, dans la nuit du 20 au 21 janvier, à minuit ;

5° Au même moment, le sergent-major Pierrot, accompagné de trois hommes, coupera les fils du télégraphe entre Toul et Commercy.

L'itinéraire fut fixé ainsi qu'il suit :

Pour les mobiles, Lahayevaux, Saint-Fiacre, Foug.

Pour les francs-tireurs, Lahayevaux, Pierre-la-Trèche ou fermes environnantes, Fontenoy.

Un chariot rempli de munitions, de vivres, d'outils de toute espèce et quatre chevaux de bât portant 200 kilogrammes de poudre renfermée dans des sacs composaient le convoi.

IV

Le 18 janvier, à midi, le commandant Bernard, escorté par le peloton d'éclaireurs, tout habillé de rouge, sortit du camp pour aller prendre le commandement du bataillon du Gard ; sa compagnie restait aux ordres du lieutenant Rivot, ancien sous-officier rempli de bravoure et d'énergie.

Les cinq compagnies du camp partirent à leur tour sous le commandement du capitaine Coumès, celle du capitaine Maillère les rallia à leur passage à Lavacheresse ; elles arrivèrent à Voudoncourt en même temps que le bataillon du Gard, vers 9 heures du soir.

Après un trop long repos de trois heures le commandant Bernard met la colonne en marche :

En tête, les éclaireurs ;

Puis l'avant-garde composée des compagnies Richard et Magnin ;

Le gros de la colonne ;

Le convoi ;

L'arrière-garde, composée des compagnies Adamistre et Coumès, sous le commandement de ce dernier.

Cette marche de nuit sur le verglas, dans la neige, fut interrompue par de trop nombreux arrêts, en même temps que par deux retards dus à la qualité médiocre des chevaux du convoi. La colonne passe à Aulnois, Châtenois, Imbrecourt et fait un long détour pour éviter le village d'Attignéville qu'il aurait fallu traverser au lever du jour ; elle arrive enfin à la ferme-école de Lahayevaux, entre 8 et 9 heures du matin, le 19 janvier, après avoir parcouru plus de 40 kilomètres.

Quant à l'arrière-garde, elle commettait l'imprudence de passer et de s'arrêter inutilement pendant une heure, en plein jour, à Attignéville, et n'arrivait à Lahayevaux qu'à 10 heures.

La colonne trouva auprès de MM. Lequin et Lebœuf, directeur et professeur l'accueil le plus hospitalier ; les vivres étaient prêts, le sommeil répara vite les fatigues de la nuit et l'on se remit en marche dans le même ordre que la veille, à 8 heures du soir, en se dirigeant sur Tranqueville où devait s'opérer la disjonction de la colonne.

Mais à peine avait-on fait deux kilomètres que le commandant Bernard faisait faire demi-tour.

Toute la colonne rentra donc à la ferme de Lahayevaux pour y passer la nuit, mais ordre fut donné de tenir constamment en éveil les avant-postes et leurs sentinelles.

Vers 2 heures du matin, pendant que toute la petite

armée de la Délivrance dormait paisiblement, le cri : Aux armes ! retentit. Immédiatement les compagnies de francs-tireurs sont sur pied, elles organisent des patrouilles, mais une heure après, rien n'étant encore signalé, on apprend que ce sont deux sentinelles des mobiles du Gard qui s'é-taient tiré réciproquement et bravement chacune un coup de fusil, s'étant prises l'une l'autre pour ennemis.

Dans la matinée du 20, le commandant réunit les capi-taines de l'*Avant-Garde* en conseil de guerre pour leur exposer la situation et se concerter sur les dispositions à prendre :

Un fait grave s'était passé ; la commandature prussienne avait été avertie par deux traîtres que toute la troupe de la forêt de Boëne se trouvait à Lahayevaux ; des uhlans, venus sans doute pour s'éclairer sur le fait dénoncé, s'é-taient approchés de cette ferme au moment même où, la veille, la colonne la quittait, et le commandant Bernard, prévenu à temps que le secret de notre marche avait été révélé à l'ennemi, avait fait rentrer sa troupe et envoyé immédiatement des éclaireurs en reconnaissance à Neuf-château. Ceux-ci rapportèrent que les Prussiens y étaient en émoi et qu'ils préparaient quelque entreprise.

L'ennemi voulait évidemment nous attaquer ou tourner tous ses efforts contre le camp qu'il devait supposer sans défense. Nous fûmes tous d'avis que cette dernière éven-tualité était la plus probable, et il fut décidé que le batail-lon du Gard retournerait immédiatement à son canton-nement, tandis que les francs-tireurs poursuivraient leur route sur Fontenoy pendant la nuit prochaine. Le camp se trouverait ainsi protégé contre toute agression ; le retour des mobiles ferait croire à la retraite de la colonne entière, et le corps expéditionnaire, allégé d'autant, pourrait plus facilement déguiser sa trace a l'ennemi.

Le capitaine Richard fut détaché dans le courant de la journée avec le garde-pêche Masson, pour rejoindre le ser-gent-major Pierrot, qui devait le soir même couper les fils du télégraphe aux environs de Commercy. Il fallait faire retarder ce travail de 24 heures et employer ce sous-offi-cier et ses hommes à provoquer un déraillement dans ces parages pendant la nuit du 21 au 22.

V

L'*Avant-Garde de la Délivrance* quitte définitivement la ferme-école de Lahayevaux le 20 janvier à 6 heures du soir, sous le commandement direct et exclusif du commandant

Bernard. M. Tissot marche en tête avec les éclaireurs, les porteurs de lanternes à signaux s'arrêtent aux embranchements des chemins pour indiquer la route à suivre, quelques feux de Bengale discrètement allumés font connaître au besoin le chemin, en l'absence du falot ; la colonne marche dans la plus complète obscurité et avec confiance dans la direction indiquée ; enfin, vers 3 heures du matin, elle entre dans la cour d'une ferme, au milieu de la forêt, après avoir parcouru plus de 35 kilomètres dans la neige, à travers les tranchées des bois. Les hommes étaient exténués de fatigue et de faim.

Mais, malgré toute leur activité, les membres du comité chargés des approvisionnements avaient dû prendre certaines précautions qui retardèrent l'arrivée des vivres ; les hommes allèrent donc se coucher dans la paille des greniers en attendant le repas et les officiers se retirèrent dans les chambres de la ferme.

Quatre ou cinq officiers étaient réunis, assis sur un banc, devant un feu à l'âtre, lorsque M. Goupil leur apprit que la ferme de Saint-Fiacre, où ils se trouvaient, n'était éloignée du souterrain de Foug que de 10 kilomètres et qu'ils devaient s'y rendre le soir même.

Le capitaine Adamistre fit alors remarquer que le pont de Fontenoy était le but de l'expédition, arrêté déjà deux fois en conseil, et non le souterrain de Foug, et que si quelqu'un voulait à cette heure changer l'itinéraire, il ne le suivrait pas. Le capitaine Maillère et le lieutenant Magnin, qui commandait ses partisans et ceux du capitaine Richard en l'absence de ce dernier, se rangèrent à cet avis et sans discuter plus longuement, ces officiers allèrent dormir sur le plancher d'une chambre voisine, côte à côte avec MM. les membres du comité.

Un bruit sourd et persistant les réveilla tous, il faisait grand jour ; c'étaient les hommes qui, tous debout, devisaient allant et venant, se livraient à des élans de joie, devant de grands feux allumés aux quatre coins de la vaste cour de la ferme, sur lesquels cuisaient des vivres arrivés à la pointe du jour. Le commandant comprima cette allégresse, prescrit sévèrement toute manifestation bruyante et consigna la troupe à la ferme.

C'est qu'à deux ou trois cents pas de là passe la route de Vaucouleurs à Toul, qui était constamment sillonnée par des uhlans.

Après le repas, un nouveau conseil de guerre, formé des commandants de compagnie, du comité et du commandant Bernard, président, discuta pour la troisième fois la question Foug ou Fontenoy, et pour la troisième fois le pont de Fontenoy fut désigné comme but de l'expédition.

Il fut en outre décidé que le départ de la ferme aurait lieu à 3 heures, que la colonne ferait halte au besoin au-dessus de Mont-le-Vignoble, en attendant la brune pour traverser la vallée de la Bouvade sans pouvoir être aperçu de Toul, que l'on s'arrêterait à Pierre-la-Trèche pendant le temps indispensable pour rassembler les barques nécessaires au passage de la Moselle et faire prendre un repos à la troupe.

On fixa enfin le départ de Pierre-la-Trèche à 8 heures du soir, de manière à se trouver au plus tard à minuit à Fontenoy.

C'est qu'en effet il fallait à toute force que l'attaque du poste prussien de cette localité coïncidât avec le déraillement que le capitaine Richard devait provoquer à la même heure.

Tel fut l'ordre adopté pour la marche. Le rôle à remplir par chaque compagnie, à Fontenoy, fut à peine ébauché, la compagnie Adamistre seule fut désignée d'arrière-garde et pour remplir les fonctions de compagnie du génie ; la poudre, les mèches et les outils furent confiés à sa garde, et M. Tissot fut également désigné pour marcher avec elle. Un caporal de cette compagnie, M. Mosbach, géomètre à Toul, devait servir de guide à la colonne dans un pays qu'il connaissait à fond. Enfin, on renvoya au camp les cavaliers rouges de l'escorte du commandant, dont le service d'éclaireurs à grande distance devenait peut-être plus dangereux qu'utile, dans un pays semé de garnisons ou de postes prussiens comme celui dans lequel nous étions entrés.

VI

La colonne quitta la ferme de Saint-Fiacre à l'heure dite ; au sortir du bois, la ville de Toul apparut toute proche, vers la gauche ; les soldats toujours incertains sur le but de l'expédition, crurent un instant que nous les menions à l'assaut de la forteresse, et, pleins d'une généreuse ardeur, ils entonnèrent l'hymne national. Mais la colonne tourne subitement à droite, elle descend par un chemin creux qui la dérobe à tout regard et la conduit au premier village ; on devait attendre en cet endroit la tombée de la nuit, il n'en est rien ; le commandant Bernard continue sa marche et nous traversons Mont-le-Vignoble, Gye et Biqueley, en plein jour, sous les yeux de la garnison de Toul, à moins de six kilomètres de cette place.

Au moment où nous allions entrer dans Biqueley, une patrouille de huit dragons était signalée sur la route de

Vizelisc à Toul; les hommes demandaient à l'entourer, à la faire prisonnière, et en cas de résistance à la détruire; rien ne semblait aussi facile, mais le commandant Bernard sut résister à la tentation; il dissimula sa troupe derrière un pli de terrain et les dragons passèrent paisiblement, en nous frôlant pour ainsi dire. Quelques instants après, la patrouille faisait sans doute son rapport au gouverneur de Toul, et lui annonçait que tout était calme sur les rives de la Moselle.

Nous avons cependant appris quelque temps après, que les Prussiens, du haut de la ville, nous avaient vus défiler, qu'ils avaient pris notre petite colonne pour l'avant-garde d'un corps considérable, et qu'ils baissèrent aussitôt les ponts-levis et firent leurs préparatifs de défense.

Après avoir traversé une partie du bois du Chanot, la colonne arriva au-dessus de Pierre-la-Trèche, à côté du cimetière, en face d'une maison entourée de murs, et dont la silhouette massive se détachait au milieu des ténèbres; il était 6 heures 1/2 du soir, les compagnies étaient massées aux abords de cette maison, habitée par un brigadier forestier.

Le lieutenant Rambaux sonne à la porte; c'est le brigadier qui vient lui ouvrir et demeure interdit à la vue d'un uniforme français. « Je suis garde général des forêts, lui dit le lieutenant, et j'appartiens en ce moment à l'armée; pouvez-vous me laisser reposer chez vous avec quelques hommes qui m'accompagnent? » Ce brave brigadier, tout joyeux de revoir des soldats de la France, les accueille à bras ouverts. Mais quel n'est pas son étonnement quand, à la lueur des lanternes, il voit entrer un à un, par la petite porte de la cour, nos 300 francs-tireurs aux costumes bariolés, aux armes étincelantes; c'est une procession interminable qui ne laisse pas de frapper, lui et les siens, d'épouvante.

Aussitôt entrés, les hommes sont entassés dans les chambres, libres d'ailleurs, du premier étage; les officiers prennent possession d'une vaste salle nue du rez-de-chaussée, et les sentinelles du poste de garde, composé d'Alsaciens, sont placées par le caporal Mosbach aux points convenables que lui seul connaît aux abords de notre retraite. Elles sont revêtues de longues couvertures et affublées, comme d'habitude, de schakos prussiens, dans le but de dérouter les investigations des espions ou des curieux, en nous prêtant le langage, les apparences d'une troupe ennemie.

VII

Pendant que l'on prend ces dispositions, les membres du comité se rendent au village pour préparer la traversée de la rivière. On fait aux hommes la distribution des vivres de réserve; les officiers se réconfortent également. Il fait au dehors un froid excessif, un grand feu allumé sous la haute cheminée de la salle des officiers les engourdit tous, quelques-uns s'endorment profondément.

Il était 8 heures; on aurait dû partir. Arrivent en ce moment MM. Goupil et Rollin; ils nous apprennent que les barques pour le passage de la Moselle ne seront prêtes qu'à 9 heures, et ils proposent, en présence de la fatigue générale, de remettre l'expédition au lendemain, c'est-à-dire à la nuit du 22 au 23.

Quelques officiers appuient fortement cette proposition; le plus grand nombre se tait.

Le capitaine Adamistre seul, tout d'abord, la combat vivement : « Nous ne pouvons, dit-il, rester pendant vingt-quatre heures enfermés dans cette maison, sous la main de la garnison de Toul, à 5 kilomètres de cette place. Comment dérober notre présence aux habitants, comment maintenir 300 hommes enfermés derrière les volets, comment les nourrir, quelle explication leur donner? »

Quelques officiers insistent; ils prétendent que les hommes sont exténués de fatigue, qu'ils ne pourront plus faire les 12 kilomètres qui nous séparent de Fontenoy, et qu'ensuite ils ne pourront battre en retraite assez vivement si nous sommes poursuivis. La discussion s'échauffa à un tel point qu'un lieutenant perdit toute mesure envers le capitaine Adamistre.

Le commandant, qui était resté somnolent jusque-là, se prononça enfin pour remettre l'expédition au lendemain !

Heureusement M. Tissot se range très énergiquement du coté du capitaine Adamistre, et se joint à lui pour exposer qu'on ne pouvait remettre l'attaque de Fontenoy à une autre nuit, puisque le capitaine Richard devait, dans une heure ou deux, provoquer le déraillement dont il était chargé et couper la ligne télégraphique.

Le lieutenant Magnin et le sous-lieutenant Lorrain se déclarèrent à leur tour de cet avis.

La résistance continuant d'autre part, fondée surtout sur la très grande fatigue des hommes qui, disait-on, étaient tous endormis, le capitaine Adamistre proposa de demander des volontaires dans les compagnies, en ayant soin d'expliquer qu'il restait la Moselle à traverser, 12 kilomètres à faire, le village de Fontenoy à prendre, le pont à faire sauter et la retraite immédiate jusqu'à la Moselle qu'il faudrait repasser avant de s'arrêter une seule minute.

Cette propostion, d'abord combattue, est enfin agréée par le commandant. Tous les hommes veulent partir de suite impatients qu'ils sont de courir au danger, de remplir leur mission.

Il est 10 heures du soir, les bateliers de Pierre-la-Trèche nous font connaître que les barques sont prêtes; plus rien ne s'opposait à ce que l'on se mît immédiatement en marche, mais le commandant impose le silence et fixe le départ à minuit.

Pendant toute cette discussion, qui dura plus d'une demi-heure, le capitaine Coumès, pris d'un sommeil léthargique, ne put être réveillé, malgré les tentatives faites pour avoir son opinion.

VIII

L'ordre est donné, nous descendons sans bruit vers la rivière, l'obscurité est complète, quelques lanternes seulement circulent çà et là, la rivière fait entendre un grondement sourd interrompu par le clapotement des glaçons qui s'entre-choquent ; sur la rive, nos volontaires s'avancent au milieu d'un profond silence et attendent, par groupes de trente environ, leur tour de passage sur le bac improvisé par les braves bateliers de Pierre-la-Trèche.

On a choisi deux barques qui semblent offrir toute sécurité, mais elles ne glissent que lentement le long de la corde tendue d'un bord à l'autre, les glaçons obligent les bateliers à des précautions infinies, et il faut recommencer dix ou douze fois ce périlleux trajet.

Rassemblés sur la rive, les habitants de Pierre entourent, serrent les mains et souhaitent le succès suivi d'un heureux retour à cette petite colonne. L'arrière-garde s'embarque enfin, quelques officiers restés en arrière prennent place pour le dernier départ, émus jusqu'aux larmes de l'attitude de cette généreuse population.

Aux heures de crise, les émotions se succèdent rapidement. A peine commence-t-on à voguer que des pensées d'un autre genre viennent en foule assaillir les esprits. Quand on entend clapoter sous ses pieds le courant rapide de la Moselle, les cœurs se serrent !... Cette rive qu'on va accoster semble être un autre monde où nous attend un redoutable inconnu ; cette rivière qu'on va traverser, la repassera-t-on ? Au-delà, c'est la captivité ou la mort qui nous guettent peut-être!... Mais, bah ! qu'importent après tout à

la Franee la vie ou la liberté de quelques chétifs soldats ? Que le succès couronne les efforts, que la Patrie soit
satisfaite, et foin du reste !...

IX

Le 22 janvier était venu, il était deux heures du matin
quand la petite colonne, réunie sur la rive droite de la Moselle, se mit en marche pour Fontenoy.

Remontant le cours de la rivière, elle prit brusquement à gauche et gravit péniblement une haute colline
boisée.

Déjà elle approchait du sommet quand tout à coup, vers
l'ouest, l'horizon s'illumina d'une lueur rougeâtre, bientôt
suivie d'une formidable explosion. Tout le monde s'arrête
instinctivement, on se regarde, on s'interroge avec anxiété
sur la nature de ce phénomène étrange. Mais bientôt un
nouvel éclair, auquel succède une détonation nouvelle
vient mettre fin à cette perplexité. Il n'y a pas à en
douter, c'est le canon qui tonne et qui, par trois ou quatre
fois, se fait entendre à intervalles égaux.

Evidemment, Toul est inquiet, Toul s'attend à une attaque, c'est le signal d'alarme pour tous les postes des
environs.

Un instant préoccupés, les soldats sont bientôt rassurés
par leurs officiers, et la marche reprend plus rapide. On
traverse un village du nom de Villey-le-Sec, puis de mauvais sentiers, puis la route de Toul à Nancy, au bord de laquelle une courte halte a lieu. On reprend fiévreusement
la marche à travers des terres labourées et on arrive enfin
au-dessus de Fontenoy, au moment où cinq heures et de-
mie sonnent au beffroi de la vieille église. L'obscurité est
si profonde qu'on entrevoit à peine la silhouette confuse
du village.

Le voilà donc enfin ce Fontenoy, vers lequel nous cou-
rons depuis si longtemps !... Il est à nos pieds !... Ici, c'est
la gare où dorment cinquante Prussiens pour lesquels le
soleil ne doit plus se lever... Plus loin, c'est le pont... ce
pont qu'il s'agit de couper et dont la destruction importe à
la Patrie !

Le commandant Bernard arrête la colonne à vingt pas
de la première maison du village, il réunit les commandants de compagnie et distribue les rôles déjà répartis d'un
commun accord pendant la marche : Les compagnies
Coumès et Magnin sont chargées de l'attaque du poste, le
compagnies Bernard et Maillère auront à fouiller le vil-

lage, enfin la compagnie Adamistre, d'arrière-garde depuis la ferme de Saint-Fiacre, restera en réserve pour parer à toute éventualité et garder les poudres, outils et munitions; elle est chargée du travail à faire sur le pont, mais ne devra s'y porter qu'à un signal convenu, après la lutte terminée.

Au moment même où le commandant donnait ainsi ses ordres, on entendait du côté de Toul le souffle d'une locomotive qui s'approchait, le jour allait bientôt poindre, il n'y avait pas un instant à perdre.

X

Les compagnies gagnent sans bruit le centre du village ; là Coumès, Magnin et quelques hommes résolus s'avancent en rampant vers la gare ; le reste des deux compagnies suit en ordre et en silence ; tout à coup le clairon Thomassin, un vieux zouave qui était de Fontenoy et qui marchait à côté du capitaine, trébuche dans un tas de neige à quelques pas de la première sentinelle du poste; le factionnaire crie aussitôt : *Werdà!* Mais il tombe au même instant frappé par Coumès de deux coups de sabre.

C'était le signal; les hommes se ruent sur leur proie. Le poste prussien qui était sorti au cri de la sentinelle rentre en poussant un hurrah étranglé de surprise et d'effroi; il se barricade solidement dans la gare et tire par les fenêtres ; le sous-lieutenant Siméon, impatient de ne pouvoir enfoncer la porte, saute dans l'intérieur par une fenêtre, quelques hommes le suivent; Coumès entre au même instant par la porte qui a cédé; deux Prussiens qui se défendent bravement sont tués, les autres crient grâce et sont faits prisonniers. Les hommes détruisent le télégraphe.

Pendant ce temps le lieutenant Magnin et ses hommes escaladent la clôture et se précipitent vers le pont, un factionnaire crie : *Werdà!* et tire à deux pas, Magnin le poignarde ; l'autre sentinelle du pont prend la fuite et disparaît dans la nuit. Magnin le poursuit un instant et retourne ensuite à la gare avec sa troupe.

Les compagnies Bernard et Maillère fouillent le village, tuent deux Prussiens qui se défendent dans les maisons et font cinq prisonniers. Les habitants, ahuris de la soudaineté de l'attaque, ouvrent machinalement leurs portes et ne savent que répondre aux questions qu'on leur adresse. Quelques soldats ennemis trouvent toutefois asile au fond de leurs demeures.

Les compagnies prennent ensuite position sur la route

de Gondreville, sur le chemin de fer du côté de Nancy, elles occupent la gare et cernent le village de toutes parts.

L'assaut du poste avait à peine duré un quart d'heure, le village était en notre possession ; la compagnie Adamistre se porte au pas de course sur le pont, précédée par les membres du Comité. Quand elle y arriva, un train, sans doute celui qu'annonçait le bruit de la locomotive au moment de la halte de la colonne au-dessus de Fontenoy, s'avance jusqu'à une portée de fusil du pont. Il s'arrête évidemment prévenu par le factionnaire que Magnin avait mis en fuite, et retourne à Toul à toute vapeur.

Les membres du Comité se mettent immédiatement à la recherche du puits de mine. Le capitaine Adamistre laisse quelques hommes à leur disposition et se porte rapidement vers le bois de Villey-Saint-Étienne ; il confie une vingtaine d'hommes au sous-lieutenant Paternotte avec mission de détruire la voie, et de surveiller la forêt et le canal de la Marne au Rhin, par où l'ennemi pouvait venir de Toul, puis il revient au pont avec le reste de sa compagnie.

Sur la première pile, du côté de Fontenoy, on creuse, on pioche avec ardeur ; les membres du Comité, le plan à la main, dirigent les fouilles. On savait que l'ouverture du puits de mine, couverte d'une trappe de bois, devait se trouver à cinquante centimètres environ de profondeur sous le ballast ; mais on creuse depuis longtemps on est descendu à plus de soixante centimètres et l'on ne découvre toujours rien !

Aurait-on été trompé ? Les Prussiens auraient-ils éventé et comblé la mine ? Être arrivés au but et n'aboutir qu'à un immense échec, quelle honte !

Une rage fiévreuse s'empare de M. Tissot ; il saisit dans les mains d'un travailleur une énorme barre à mine et frappe à coups redoublés. Le cou tendu, l'oreille avide, le souffle suspendu, on écoute, et le bruit sourd que rend en tombant la lourde barre de fer retentit jusqu'au fond de nos cœurs. Tissot frappe, frappe toujours, toujours rien ! Soudain on entend comme un écho dans la maçonnerie, un dernier coup fait résonner la cavité profonde ; plus de doute, c'est la trappe.

Tous les hommes se précipitent à l'envi sur l'ouverture, le tampon est enlevé. En un instant M. Tissot saisit une échelle de corde et descend dans le puits d'environ 0.80 c. d'ouverture carrée, au fond duquel sont disposées les chambres à mine.

M. Loisant le suit, tenant à la main une lanterne sourde qui doit servir aux courageux mineurs pour accomplir au fond du puits leur périlleuse besogne ; la poudre, les mèches leur sont successivement passées, et MM. Goupil,

Rollin, le capitaine Adamistre et ses hommes, attendent dans le plus profond silence.

Le commandant Bernard apparaît; il trouve le temps long, il craint une attaque, il piétine impatient autour de l'orifice. M. Goupil s'éloigne pour aller au village choisir un poste d'observation dans le but de s'assurer des dégâts que l'explosion pourra causer.

Un instant après arrive au pas de course le fourrier de la compagnie Maillère; il vient prévenir qu'on entend distinctement sur la route de Toul un bruit de cavalerie et un roulement d'artillerie qui s'approchent de Fontenoy.

Le commandant s'écrie aussitôt : « C'est une affaire manquée, partons! » (Textuel). Le capitaine Adamistre fait remarquer que le chargement de la mine tire à sa fin, mais le commandant se penche au-dessus de l'orifice et crie aux mineurs : « Allons messieurs, allons-nous-en, nous allons tous nous faire tuer. » (Textuel). Il donne ensuite ordre au capitaine Adamistre de le suivre et disparaît.

Les mineurs, du fond du puits, demandent ce qu'on leur veut. M. Rollin et le capitaine Adamistre répondent « Rien ». Ce dernier rejoint aussitôt ses hommes sur la culée de la rive gauche et menace de son revolver ceux d'entre eux qui seraient tentés de suivre le commandant. Quelques minutes après cette scène, le travail est terminé. Tissot remonte du puits, Loisant le suit ; mais près d'enjamber l'orifice, M. Tissot lui fait remarquer qu'il a oublié la lanterne sourde au fond du puits et qu'il faut aller la chercher; elle est encore allumée et tout à l'heure en bourrant la mine avec du ballast, elle pourrait être projetée contre la poudre et déterminer une explosion. M. Loisant redescend et rapporte la lanterne avec le plus grand sang-froid. L'aube commence à paraître.

On remplit le puits de ballast, le capitaine Adamistre rassemble sa compagnie, il ne reste plus sur le pont que Tissot et Rollin qui mettent le feu aux mèches, on part au pas de course et en bon ordre, on traverse Fontenoy et au moment où le détachement Adamistre rejoint la queue des autres compagnies à l'extrémité du village, une immense explosion ébranle les airs et fait trembler la terre sous les pas, deux détonations non moins violentes lui succèdent coup sur coup ; c'est le pont qui saute. Il est 7 heures 1/2 du matin.

Des cris d'allégresse et de triomphe : Vive la France! vive la République! s'échappent de toutes les poitrines.

XI

On court en désordre jusqu'à la route de Toul à Nancy, à l'angle du bois du Tambour. Là les compagnies se reforment et M. Goupil fait connaître que la première pile du pont est rasée jusqu'au-dessous du niveau de l'eau, que les arches adjacentes sont écroulées et la troisième arche fortement lézardée.

Mais on s'aperçoit alors que M. Maillère manque à l'appel. Le lieutenant Rambaux explique que son capitaine, voulant se rendre compte par lui-même, des bruits qui semblaient s'approcher de Toul vers Fontenoy, s'était porté sur Gondreville accompagné de deux hommes seulement, peu de temps avant l'explosion ; qu'il s'était sans doute trop éloigné et n'avait pas vu la retraite de l'*Avant-Garde*. Sur cette explication, personne ne doute plus que le capitaine Maillère ne nous rallie bientôt.

On se remit en marche, la compagnie Adamistre fut de nouveau désignée d'arrière-garde et les sept prisonniers parmi lesquels le sergent-major, chef de poste, furent confiés à sa garde.

A 8 heures 1/2, la colonne sortait du bois de Gondreville et se trouvait bientôt sur le bord de la Moselle, en face des fermes Bois-Monsieur et Sainte-Anne, à 8 kilomètres en amont de Pierre-la-Trèche.

Comment allait-on passer la rivière ? Si on remontait jusqu'au pont de Maron, situé à 3 kilomètres en amont, on se rapprochait d'autant de Pont-Saint-Vincent, dont la garnison prussienne devait être en mouvement. La Moselle était gelée, il valait mieux tenter le passage sur la glace ; le capitaine Coumès et quelques hommes s'aventurèrent, ils purent gagner assez facilement l'autre rive ; toute la colonne passe ensuite, ce fut l'affaire d'un quart d'heure au plus. Mais il restait les chevaux, qui refusaient de franchir deux ou trois crevasses, peu larges d'ailleurs, vers le milieu de la rivière ; deux passèrent, un troisième faillit se noyer, les deux autres firent le tour par Maron.

Pendant que s'opérait le transbordement de ces pauvres bêtes, auquel s'employaient avec ténacité le commandant Bernard et le capitaine Coumès, la troupe attendait sur la rive gauche, grelottante et inquiète. Il y avait plus de trois quarts d'heure que ce spectacle durait, la position était critique ; on ne pouvait rester plus longtemps au fond d'une vallée profonde, sans raison sérieuse, fatalement exposés aux attaques de l'ennemi que l'on devait supposer à notre poursuite ; on ne devait pas cependant compromettre tant d'hommes pour deux misérables chevaux. Le capitaine Adamistre fit ces observations au commandant, qui n'en tint aucun compte ; mais pressé avec instance par un très grand nombre d'officiers, il commanda enfin le départ. La hauteur fut prestement couronnée ; Bernard et Coumès rejoignirent la colonne, à cheval, un quart d'heure après.

On arriva à la ferme des Gimeys à midi, on y trouva un accueil patriotique et cordial, des vivres et un instant de repos bien gagné. En effet, depuis la veille à Saint-Fiacre, à la même heure, sauf la légère collation faite à Pierre-la-Trèche, l'*Avant-Garde* avait parcouru plus de 40 kilomètres par un froid intense, dans la neige, à travers champs, à travers bois ; elle avait franchi deux fois la Moselle et livré un combat.

Vers 2 heures arrive le capitaine Maillère, qui avait échappé, grâce à la forêt, à la poursuite d'une forte patrouille ennemie, au moment où il traversait sur notre tracé, la route de Toul à Nancy. Il était venu ensuite passer la Moselle à Maron où les habitants avaient pu le renseigner sur notre direction.

A peu près à la même heure, MM. Goupil et Tissot se rendaient à Lamarche pour informer M. Martin de la réussite de l'opération.

Ils partaient le lendemain pour Bordeaux, où ils arrivèrent le 27 janvier.

Mais on ne pouvait rester longtemps aux Gimeys, au milieu d'une contrée évidemment traquée à cette heure par un ennemi furieux. On se remit en marche à 5 heures, on réquisionna plusieurs voitures à Viterne pour transporter quelques hommes qui tombaient sous la fatigue, et la colonne arriva à Hondreville, près de Vézelise, le 23 janvier, à 3 heures du matin.

L'*Avant-Garde* fut reçue à Hondreville de la façon la plus sympathique ; le maire, enthousiasmé de notre succès, fit don à la compagnie Adamistre, en échange d'une trentaine de mauvais pistons, d'excellents fusils à tabatière qu'il tenait cachés dans sa maison : armes précieuses, qui furent reçues avec joie.

Après une station de 12 heures consacrées à se refaire quelque peu, la troupe quitta cette localité hospitalière pour aller passer la nuit à Vaudéleville.

Enfin, le 24 janvier, à 8 heures du matin, la colonne se mit gaiement en route pour le camp de Boëne. Une halte de 2 heures à Vicherey, un court repos à Laneuveville, et elle entre à Bulgnéville à 7 heures du soir, après avoir parcouru 34 kilomètres.

La petite ville, illuminée comme pour une fête, accueille les soldats de la Délivrance par des vivats et des acclamations enthousiastes.

XII

Tel est le récit très exact de cette expédition du pont de Fontenoy-sur-Moselle, qui eut alors, en Allemagne aussi bien qu'en France, un si grand retentissement.

On a reproché à l'*Avant-Garde de la Délivrance* de l'avoir exécutée trop tardivement. Nous répondrons que la destruction du pont de Fortenoy eût pu avoir lieu à la fin de décembre, et peser peut-être d'un grand poids sur les destinées de la patrie. Les troupes de Manteufeld n'auraient pu rejoindre à temps celles de Werder dans l'Est. Les armées prussiennes, sous Paris, eussent été, comme au mois de janvier, privées de munitions pendant treize jours et peut-être forcées à la retraite. Mais, même à l'époque où cette opération fut exécutée, l'émotion profonde qu'elle causa en Allemagne, la fureur qu'en ressentirent les généraux prussiens, les espérances qu'elle fit naître chez les prisonniers français, disent assez haut quelle immense importance attribuaient à notre œuvre les hommes compétents.

Un seul reproche a donc pu nous être adressé ; l'expédition de Fontenoy a été trop tardive et conséquemment inutile. Mais, nous ne pouvions lire dans l'avenir ; mais, à cette époque, rien encore ne faisait pressentir un dénouement si fatal et si prochain ; la France au contraire attendait son salut de l'armée de Bourbaki ; d'ailleurs, si le coup de main de Fontenoy n'a pas eu lieu un mois plus tôt, à qui la faute?... Ce n'est pas au chef militaire des Vosges, auquel les moyens de l'exécuter étaient obstinément refusés?... Ce n'est pas à l'*Avant-Garde* non plus!...

XIII

Le 22 janvier, à midi, les Prussiens, infanterie, cavalerie et artillerie, cernèrent et envahirent le village de Fontenoy fort d'environ 500 habitants ; ils chassèrent avec sauvagerie ceux-ci de leurs maisons qu'ils brûlèrent une à une, dans la soirée et pendant la journée du lendemain, après avoir eu soin de les enduire de pétrole.

Un vieillard fut tué dans la rue, une femme âgée fut

brûlée vive dans son lit, et les malheureux habitants de Fontenoy, cependant bien innocents de la destruction du pont, hommes, femmes, vieillards et enfants furent parqués pendant trente-six heures sur un monticule voisin, sans abri et sans nourriture, par un froid intense, et forcés d'assister entre deux haies de fusils chargés, au spectacle horrible du lent incendie de leurs demeures.

Ce même jour le commandant des étapes de Toul faisait placarder d'affiche suivante dans les principales villes et localités de la Lorraine :

« La plus revêche surveillance à la sûreté du chemin de
« fer et d'étape. Le pont du chemin de fer tout prés de
« Fontenoy aux environs de Toul aujourd'hui la nuit fait
« sauter. Pour la punition le village de Fontenoy fut
« brûlée de fond en comble. Le même sort tombera aux
« lieux dans lesquels quelque chose arrive de semblable.

« Le commandant des étapes,

« Von Schmadel.

« Toul, 22 janvier 1871. »

Enfin le 23 janvier, le nouvel empereur d'Allemagne signait son premier décret impérial ainsi conçu :

« S. M. le roi de Prusse, empereur d'Allemagne.

« En raison de la destruction du pont de Fontenoy à l'est de Toul, ordonne :

« La circonscription ressortissante au gouvernement général de la Lorraine payera une contribution extraordinaire de dix millions de francs à titre d'amende.

« Ceci est porté à la connaissance du public, en observant que le mode de répartition sera ultérieurement indiqué, et que le payement de ladite somme sera perçu avec la plus grande sévérité.

« Le village de Fontenoy a été incendié, à l'exception de quelques bâtiments conservés pour l'usage des troupes.

« Le gouverneur de la Lorraine,

« Von Bonnin.

« Nancy, le 23 janvier 1871. »

CHAPITRE QUATRIÈME

Le camp pendant et après Fontenoy.
Combat de Vrécourt, l'armistice, licenciement à Chambéry.

I

Pendant que ces événements se déroulaient au nord, le camp de la Délivrance ne restait pas inactif et s'efforçait de faciliter à nos soldats la tâche laborieuse qu'ils avaient entreprise. Dans la nuit qui suivit le départ de l'expédition du pont de Fontenoy, le docteur Rouyer, de Vrécourt, était venu annoncer le passage probable sur la route de Neufchâteau à Chaumont d'un fort convoi prussien, faiblement escorté. Le lieutenant Denis, commandant intérimaire du camp, se hâta de profiter de cette circonstance pour opérer de ce côté une diversion utile qui, en détournant vers le sud l'attention de l'ennemi, favorisàt la marche de nos troupes sur Fontenoy. Il organisa donc sur-le-champ une petite colonne expéditionnaire dont le commandement fut confié au jeune sous-lieutenant des éclaireurs à cheval, Victor Martin, fils du sous-préfet, avec ordre de se diriger sur la Meuse, par Bourmont, de faire dans la vallée une démonstration aussi bruyante que possible, puis de se replier sur le camp si les informations apportées par M. Rouyer ne se confirmaient pas.

Partie le 19 janvier, à 2 heures du matin, la petite colonne forte d'une trentaine de volontaires et qu'accompagnait le vaillant docteur, arriva vers 7 heures à Bourmont, où elle apprit aussitôt que le convoi signalé, loin de se diriger sur Chaumont, faisait route sur Toul dans le sens opposé. Le jeune chef ne s'occupa plus dès lors qu'à donner le change à l'ennemi. Il multiplia sa troupe avec fracas dans la vallée, la parcourant dans tous les sens et rentra au camp à 10 heures du soir.

Les Prussiens de Neufchâteau, complètement abusés par cette démonstration, laissèrent la colonne d'opérations poursuivre sa route vers Fontenoy sans l'inquiéter; c'était précisément là ce que voulait le lieutenant Denis.

Le soir du même jour, à l'heure où les nôtres rentraient à Vrécourt, le commandant prussien de Neufchâteau fut informé qu'un formidable corps français, démesurément grossi par la rumeur publique, avait fait son apparition dans la vallée de la Meuse à Bourmont, à Saint-Thiébault, Goncourt et Gonnaincourt; ayant appris le matin qu'un autre colonne française était campée à Lagayevaux, dans la direction opposée, il se crut sans doute sous le coup d'une attaque nocturne combinée, et pour conjurer cette effrayante éventualité, il prit sur-le-champ d'étranges précautions. La garnison brusquement réveillée parcourut à grand bruit les rues de la ville, les maisons durent être illuminées, les portes et les volets ouverts, et toute la nuit les patrouilles de cavalerie, les trompettes, les tambours, les décharges de mousqueterie épouvantèrent les malheureux habitants, qui se demandaient en tremblant si la démence ne s'était pas emparée de leurs envahisseurs. Telle n'était pas évidemment la raison de cet affreux bacchanal ; mais nos ennemis, qui nous supposaient aux aguets dans les forêts voisines, voulaient ainsi se soustraire à un assaut de nuit, toujours si désagréable pour eux, en nous prévenant charitablement qu'ils étaient sur leurs gardes et que toute surprise nous était impossible

Le jour venu, c'est-à-dire le 20 au matin, ils exécutèrent un mouvement bien plus singulier encore :

Ils marchèrent sur Bourmont, au nombre de huit ou neuf cents, abandonnant Neufchâteau à la garde de quelques centaines d'hommes, la plupart éclopés ou malades, sans se préoccuper de notre colonne d'opérations qui se trouvait encore à Lahayevaux à 14 kilomètres de là. Inexplicable combinaison qui leur eût été certainement fatale sans notre entreprise sur Fontenoy.

II

Le sous-préfet, qui n'avait pas quitté le quartier général de Lamarche, apprit vers midi le mouvement des Prussiens sur Bourmont. Pensant avec raison qu'ils ne pouvaient avoir d'autre objectif que le camp, il expédia sur-le-champ au commandant Bernard l'ordre de renvoyer toutes les forces qui ne seraient pas indispensables au succès de l'expédition, mais le porteur de la dépêche rencontra en route le bataillon du Gard qui rétrogradait sur le camp et qui devait le lendemain sauver la situation.

En effet le 21 janvier, au matin, les Prussiens s'avancèrent sur Vrécourt après avoir passé la nuit à Bourmont.

Les mobiles du Gard étaient arrivés la veille, fort tard, et dans l'ignorance où ils étaient des événements, ils avaient repris aux alentours leurs anciens cantonnements. Ce ne fut qu'à 8 heures du soir que M. Bourguignon, maire de Vrécourt, put transmettre au capitaine Renaud, commandant intérimaire du bataillon, les renseignements précis qui lui étaient adressés de Bourmont sur la marche et les intentions manifestes de l'ennemi. Mais les mobiles. harassés de fatigue, éparpillés dans plusieurs localités assez éloignées, Saulancourt, Bulgnéville, Saint-Ouen et le camp, n'avaient reçu que fort avant dans la nuit l'ordre d'une prise d'armes immédiate, envoyé à la hâte et parfois mal compris ; certaines compagnies manquèrent à l'appel de leur chef, d'autres attardées trouvèrent l'action déjà commencée ; une seule enfin, forte de 80 hommes et commandée par le lieutenant Maruéjol, arriva à l'heure dite au rendez-vous du combat, fixé entre la forêt de la Vaivre et le village de Graffigny.

Cette excellente position défensive avait été choisie sur la désignation de M. Dauvoin, membre auxiliaire du comité, dans un conseil de guerre tenu la nuit chez M. Bourguignon, à Vrécourt. Si les autres compagnies étaient arrivées à temps pour engager la lutte au lieu désigné, les Prussiens, pris entre des feux plongeants partis du bois et des broussailles environnantes, n'eussent pu certainement forcer cette redoutable barrière. Mais c'est en vain que le capitaine Renaud, qui s'était porté en avant avec Maruéjol, les attendit jusqu'à 9 heures. Ne voulant pas compromettre 80 hommes dans une lutte aussi inégale, il dut se replier aux approches de l'ennemi et résolut de l'attendre dans le bois Saint-Michel, situé à l'entrée même du bourg de Vrécourt, en face de la forêt de la Vaivre, par où arrivaient les Prussiens. Chemin faisant, il rencontra sa propre compagnie, forte de 100 hommes, que conduisait son lieutenant Cambon, et ce fut avec ces 180 mobiles qu'il prit position dans ce petit bois isolé.

Cependant l'ennemi, qui craignait dans la forêt quelque surprise fâcheuse, s'était divisé en deux colonnes pour effectuer ce dangereux passage : l'une suivait directement la grande route de Bourmont à Vrécourt, pendant que l'autre s'engageait à gauche dans un chemin de défrichement. A 10 heures du matin, les deux têtes de colonne débouchaient, la première en face des compagnies Maruéjol et Renaud, déployées en tirailleurs sur la lisière du bois Saint-Michel ; la seconde, plus au nord, sur la route de Neufchâteau à Lamarche, en face du chemin qui conduit de cette route à Vrécourt. Nos mobiles allaient être ainsi tournés par la droite, cernés dans le bois qu'ils occupaient, quand le lieutenant Bardon, qui venait d'apparaître sur le lieu de l'action avec 50 hommes, se porta bravement à leur rencontre, et, pendant près d'une demi-heure, arrêta net, sans reculer d'un pas, les 300 ennemis qui s'apprêtaient à envelopper ses frères d'armes.

Pendant ce temps, les compagnies Maruéjol et Renaud étaient aux prises, sur la lisière du bois Saint-Michel, avec la colonne venue par la grande route. La fusillade était épouvantable, les balles sifflaient dans les rues de Vrécourt, venaient frapper les murailles, briser les fenêtres, et les malheureux habitants, renfermés dans les maisons, attendaient avec anxiété le dénouement de la lutte.

Le reste de la compagnie Bardon, sous le commandement du lieutenant de Leuze, s'était porté à la gauche de Maruéjol, que l'ennemi cherchait à déborder. Mais nos jeunes mobiles, arrivés tardivement au feu et déconcertés par cette pluie de projectiles, furent saisis d'une panique soudaine. En vain leur chef, se jetant au-devant d'eux, s'efforça-t-il de les retenir sur le lieu du combat. Sourds à sa voix, n'écoutant plus rien, ils lâchèrent pied sans tirer un coup de fusil. Ce déplorable exemple entraîna bientôt la retraite de la compagnie Renaud, et Maruéjol lui-même ne se sentant plus soutenu dut se replier pour ne pas être écrasé.

Resté seul avec ses soldats sur le champ de bataille, l'intrépide Bardon tenait toujours, et par son indomptable ténacité il donnait le temps aux autres compagnies de se mettre à l'abri derrière le Mouzon, d'où elles purent gagner Sauville, puis le camp. Voyant enfin les deux colonnes prussiennes se resserrer pour l'accabler, il juge le moment venu de pourvoir à la sûreté de ses braves, et couronne une lutte si glorieuse par une retraite plus glorieuse encore. Peu à peu il cède le terrain, mais il combat toujours, et il en impose à l'ennemi, que sa fermeté maintient à distance ; il parvient ainsi à gagner Vrécourt en bon ordre, sans avoir été entamé.

Les Prussiens étaient vainqueurs, grâce aux fautes que l'absence de direction, la fatigue, la disproportion du nombre, la surprise d'une lutte inégale, avaient fait commettre au bataillon du Gard ; mais ils payaient cher leur triomphe. Les évaluations les plus modérées ne sauraient, en effet, porter le chiffre de leurs pertes à moins de 60 hommes tués. Il ne serait pas possible, d'ailleurs, de rien préciser à cet égard ; suivant leur coutume, les Prussiens avaient interdit l'accès du champ de bataille pendant plus de deux heures, consacrées par eux à l'évacuation secrète de leurs morts et de leurs blessés ; ce n'est que plus tard que le docteur Morian, chirurgien des mobiles, fut admis à relever les nôtres ; nous avions eu, de notre côté, sept hommes tués et huit autres blessés légèrement

III

Furieux d'une victoire si désastreuse, nos ennemis se ruèrent sur le malheureux bourg de Vrécourt, auquel ils firent sentir cruellement le poids de leur vengeance.

L'habitation de Bourguignon fut des premières pillée et saccagée, pendant qu'il s'occupait à la mairie d'organiser une ambulance ; un pauvre garçon malade, incapable de résister, fut assassiné dans son lit ; un peu plus loin, trouvant en pleine rue un honnête ouvrier, père de famille inoffensif dont les mains noircies par le travail leur inspiraient sans doute certains soupçons, les Prussiens le massacrèrent sans pitié à coups de crosse de fusil.... Ils imposèrent à la commune une amende de 8,000 francs, et se gorgèrent pendant plusieurs heures de viande et d'eau-de-vie. Enfin, à la chute du jour, ils s'éloignèrent, laissant à l'ambulance trois des leurs, mortellement atteints, qu'ils n'avaient pu prendre avec eux. Ils emmenaient triomphalement à Neufchâteau tout le butin fait dans ce paisible bourg, et vingt-trois notables, décorés du nom de prisonniers de guerre, qu'ils faisaient brutalement marcher devant eux à coups de crosse ou de sabre.

Quant au convoi des morts et des blessés, il avait pris, et pour cause, une autre route.

Les vainqueurs ne s'étaient sentis que médiocrement rassurés par leur triomphe : le voisinage de la forêt de Boëne leur causait de légitimes appréhensions, et ils furent bien inspirés en évacuant Vrécourt à l'entrée de la nuit. A 6 kilomètres d'eux, en effet, le camp était en pleine ébullition, tout s'y préparait pour une attaque nocturne, à laquelle l'ensemble n'eût pas fait défaut comme au combat du jour, et qui eût eu sans doute des résultats tout différents.

IV

Le 25 janvier 1871, la colonne d'expédition de Fontenoy fut dissoute : les compagnies qui la composaient quittèrent Bulgnéville, où elles avaient passé la nuit, et rentrèrent dans leurs cantonnements respectifs, sauf la compagnie Adamistre qui reçut ordre d'occuper Robécourt.

Ce jour-là on s'empara d'un traître surpris deux fois en flagrant délit d'espionnage : une première fois, à Commercy, pendant la nuit du 21 au 22, où sa présence obstinée au milieu des hommes du capitaine Richard, fit échouer le déraillement que celui-ci avait pour mission de provoquer ; la seconde fois, à Bulgnéville, par suite de la persistance que ce misérable avait mise à suivre la colonne de Fontenoy, depuis Vicherey où il l'avait rejointe jusqu'à Bulgnéville. Arrêté et déféré sans retard à une cour martiale, il confessa cyniquement avoir reçu des Prussiens la somme de quarante francs pour livrer la vie et la liberté d'une troupe de trois cents Français ; il fut immédiatement fusillé à un kilomètre du bourg.

Le commandant Bernard se rendit ensuite au quartier général de Lamarche. Inutile de dire qu'il reçut du chef militaire un accueil cordial et chaleureux.

Heureux et fier d'un succès si complet, plein d'espérance dans les résultats de l'opération, le sous-préfet, après avoir fait connaître un télégramme de félicitation que lui avait adressé le général Meyère, commandant supérieur de la place de Langres, voulut donner un témoignage réel de sa vive satisfaction : cinq à six cents volontaires, recrutés en notre absence, attendaient leur incorporation dans nos rangs ; il ordonna la formation de quatre nouvelles compagnies, et fit à cette occasion une nombreuse promotion d'officiers destinés à former les cadres nécessaires aux créations nouvelles non moins qu'à récompenser le zèle des plus méritants. Voulant enfin encourager les braves, et réprimer dans l'intérêt de la défense nationale et du corps franc à la tête duquel il se trouvait placé, certains actes d'ivrognerie et d'indiscipline qui s'étaient récemment produits, il adressa à toutes les troupes composant l'*Avant-Garde de la Délivrance* la proclamation que voici, suivie d'un arrêté disciplinaire :

PROCLAMATION

« Le sous-préfet de Neufchâteau, président du comité de défense, chef militaire de la Meuse, de la Meurthe et des Vosges.

« Aux troupes composant l'*Armée de la Délivrance.*

« Officiers, sous-officiers et soldats :

« Depuis quelque temps, des désordres, des abus, des excès de tout genre se sont produits dans vos rangs, et des plaintes sérieuses se sont élevées contre plusieurs d'entre vous.

« Un semblable état de choses ternit la gloire de vos exploits militaires et compromet gravement les intérêts de la sainte cause pour laquelle nous sommes tous appelés à combattre. Au nom de la défense nationale et pour l'honneur de notre jeune armée, j'ai donc dû prendre d'énergiques mesures de répression en vue d'empêcher le retour de ces déplorables excès.

« Un arrêté va vous être lu, qui punit de peines rigoureuses toutes infractions aux lois de la discipline et de l'honneur militaire.

« Officiers, sous-officiers et soldats,

« Rappelez-vous sans cesse que nous sommes tous ici réunis pour défendre et sauver la France, notre chère Patrie.

« Nous avons à remplir la mission la plus noble, le plus sacré des devoirs, et dans l'accomplissement de ce devoir et de cette mission je ne tolérerai ni faiblesse ni défaillance.

« La Patrie est notre mère. Nous lui devons tous le sacrifice de nos personnes, de nos vies, de nos familles.

« Au nom de la Patrie, je dois encore remplir une obligation bien douce à mon cœur : c'est de décerner au corps expéditionnaire de Fontenoy le juste tribut d'éloges et de félicitations qui lui est dû.

« Il vient d'accomplir audacieusement, à travers tous les dangers, une œuvre immense au point de vue de la défense nationale, et la France reconnaissante l'en remercie par ma voix.

« Mais de tels antécédents obligent, et cette vaillante colonne se doit à elle-même de ne pas rester au-dessous de son glorieux passé.

« Un si noble exemple portera aussi, je n'en doute pas des fruits salutaires, et les troupes moins favorisées, que les nécessités de la guerre ont retenues à la garde du camp, tiendront certainement à honneur de se montrer dignes de leurs intrépides frères d'armes.

« Officiers, sous-officiers et soldats,

« Que votre devise soit désormais : « Tout pour Dieu et pour la Patrie. »

« Le sous-préfet commandant militaire :

« Signé : Victor Martin.

« Fait au camp de la Délivrance le 25 janvier 1871. »

ARRÊTÉ DISCIPLINAIRE

République française.

« Au nom du gouvernement de la Défense nationale,

« Nous, sous-préfet de Neufchâteau, président du comité de défense, chef militaire de la Meuse, de la Meurthe et des Vosges.

« Considérant que de fréquents actes d'ivrognerie se sont produits récemment parmi les troupes réunies sous nos ordres et qu'ils ont été, dans les localités voisines du camp de la Délivrance, la cause de nombreux scandales,

« Que des postes entiers, auxquels était confiée devant l'ennemi la garde du camp, que des sous-officiers même, indignes de leurs galons, ont été vus dans un état complet d'ivresse ;

« Que ces déplorables excès ont pour effet de compromette la sûreté et l'honneur de l'armée de la Délivrance ;

« Considérant que l'ivrognerie, vice honteux et dégradant, étouffe infailliblement dans l'âme du soldat les mâles vertus qui font sa force, le sentiment de son devoir, le respect de ses chefs ;

« Qu'elle aboutit aussi à l'anéantissement total de la discipline et de l'honneur militaires sans lesquelles aucune armée n'est possible ;

« Considérant en outre que des désertions nombreuses, que des défaillances militaires peu glorieuses pour des troupes françaises, nous ont été signalées dans ces derniers temps ;

« Qu'enfin tous ces désordres préjudicient gravement aux besoins du service et aux intérêts de la défense nationale ; qu'il devient donc nécessaire de les réprimer sans délai ;

« Arrêtons :

« ARTICLE PREMIER. — Tout homme appartenant aux troupes placées sous notre commandement qui· aura déserté son corps sans permission sera, après quarante-huit heures d'absence traduit devant la cour martiale et fusillé.

« ART. 2. — Tout militaire qui, sourd à la voix de ses chefs, aura fui lâchement devant l'ennemi sera traduit devant la cour martiale et fusillé.

« ART. 3. — Tout militaire qui aura été vu dans un lieu public en état d'ivresse sera condamné par ses chefs à quatre jours de cachot au moins et à quinze jours au plus. S'il est en état de récidive, il sera envoyé pour un mois aux casemates de Langres.

« ART. 4. — Toute sentinelle ou tout soldat d'un poste qui se sera enivré étant de service sera envoyé pour un mois aux casemates de Langres. S'il y a récidive, il sera puni de deux mois de casemates. Si le coupable est un caporal ou sous-officier, il sera traduit en cour martiale et fusillé.

« ART. 5. — Tout cabaret, café, auberge où l'on aura enivré un militaire sera immédiatement fermé.

« Art. 6. — Tout particulier qui aura fait boire un militaire jusqu'à l'enivrer sera condamné disciplinairement par les chefs de ce dernier à une amende qui ne pourra être moindre de cent francs ni dépasser cinq cents francs.

« Art. 7. — Le présent arrêté sera lu à l'ordre du jour devant le front des troupes assemblées, et affiché au camp de la Délivrance.

« Art. 8. — Il sera en outre affiché et publié à son de caisse dans toutes les communes de l'arrondissement de Neufchâteau.

« Art. 9. — Le prévôt du camp de la Délivrance est chargé de l'exécution du présent ordre.

« Le sous préfet commandant militaire.

« Signé : Victor Martin.

« Fait au camp de la Délivrance le 25 janvier 1871. »

V

A cette époque on espérait toujours : cernées de toutes parts, les troupes ignoraient complètement les funestes événements qui venaient de s'accomplir : l'insuccès et la retraite de Bourbaki, la poursuite acharnée dont il était l'objet.

Une sourde inquiétude commençait néanmoins à poindre dans les esprits. On avait, de Lamarche, entendu le canon pendant plusieurs jours ; d'un autre côté, on avait appris d'Epinal que déjà les Prussiens avaient fait des préparatifs d'évacuation.

On attendait avec une patriotique impatience l'apparition de l'armée française.

Puis tout à coup le canon s'était tû, l'ennemi était rentré à Epinal et la déception au sujet de cette nouvelle avait rendu chacun incertain et anxieux.

On n'avait pas cessé pourtant de travailler à l'accroissement de l'effectif et de fortifier les défenses ; des blockhauss s'élevaient chaque jour au camp, et la compagnie Adamistre prenait position à la pointe du bois du Creuchot, entre Robécourt et Rozières, où elle avait élevé des baraquements et exécuté quelques travaux de défense.

L'irritation des Prussiens était à son comble, ils voulaient exterminer l'*Avant-Garde*.

M. Victor Martin reçut, en effet, le 30 janvier, de deux correspondants à la fois, la nouvelle que 6,000 hommes sortis d'Epinal avec 12 canons se dirigeaient du côté du camp. Il expédia immédiatement au général Meyère, à

Langres, sur le concours duquel il croyait pouvoir compter depuis l'affaire de Fontenoy, le capitaine Richard et le lieutenant Magnin, avec mission de ramener des renforts et quelques pièces de canon. Le général leur fit une réponse évasive qui équivalait à un refus, et le capitaine Richard revint seul à Bourbonne annoncer cette nouvelle à M. Martin. Quant au lieutenant Magnin, il était parti pour Bordeaux le jour même : le général lui ayant fait connaître qu'il éprouvait les plus grandes difficultés pour faire tenir ses dépêches au gouvernement, parce qu'une armée prussienne passait entre Langres et Dijon, l'intrépide officier offrit ses services promettant d'arriver à Autun sain et sauf. Arrivé à Bordeaux avec ses dépêches, on lui intima l'ordre, au ministère, de rejoindre son dépôt à Pont-Saint-Esprit. Nous ne revîmes plus le brave lieutenant Magnin.

Devant le refus du général, M. Martin résolut d'insister. Pensant que le capitaine Coumès était mieux connu que tout autre de l'état-major de la place de Langres et qu'il pourrait avoir plus de succès en raison de cette situation, il l'expédia de nouveau, en hâte, au général pour le supplier d'accorder un secours, mais Coumès ne réussit pas mieux que Richard et Magnin.

Ce jeune capitaine se disposait donc à quitter Langres pour revenir près de M. Martin, quand un heureux hasard le mit en présence du colonel Lobbia, lieutenant de Garibaldi, qui se trouvait dans la forteresse depuis déjà 10 à 12 jours avec 1,500 hommes. 200 chevaux, 2 canons de montagne, et qui commençait à s'ennuyer de son inaction. Coumès lui fit immédiatement des ouvertures qui furent bien accueillies. En effet, Lobbia arrivait le lendemain 1er février à Neuilly-l'Évêque avec sa colonne, et Coumès se rendit à Bourbonne près du chef militaire pour lui apprendre la bonne nouvelle. Séance tenante, on arrêta le plan de campagne.

Pendant que les Prussiens qui étaient arrivés à Darney attaqueraient le camp, probablement le 3 février au matin, la vaillante troupe du colonel Lobbia qui serait venue prendre position dans la forêt comprise entre La Rivière et Lamarche, devait tomber sur les derrières de l'ennemi.

Mais la fortune en avait décidé autrement.

VI

Le 2 février, le chef d'une colonne d'infanterie prussienne forte de 200 hommes, précédé de plusieurs drapeaux parlementaires, se présentait aux avant-postes de Lamarche.

Il annonçait au chef militaire et l'armistice et la capitulation de Paris, et se disait envoyé par la commandature prussienne de Neufchâteau pour traiter d'une suspension d'armes. Le sous-préfet fit répondre au négociateur que n'ayant, de son côté, reçu aucune nouvelle des autorités françaises, il l'invitait à se retirer sur-le-champ. La colonne prussienne reprit immédiatement la route de Neufchâteau.

Le lendemain M. Martin était informé des événements par la place de Langres.

Le 4 février arrivait à Lamarche un parlementaire prussien, le lieutenant Keller, avec pleins pouvoirs pour traiter d'une suspension d'armes dont la durée fut fixée à 15 jours ; elle devait prendre fin le 19 février. (Pièce annexe n° 5.)

Pendant trois jours, des sommations menaçantes et successives pour lui faire évacuer le camp de Boëne, furent faites à l'*Avant-Garde de la Délivrance*, par les autorités prussiennes, notamment par le colonel Krenski, de passage à Neufchâteau avec 12,000 hommes et un matériel de siège considérable. Menaces vaines, intimidations inutiles, Le chef militaire après avoir consulté les capitaines du corps franc, répondit fièrement qu'il attendait l'attaque et que lui et ses troupes résisteraient jusqu'à la mort plutôt que de se rendre.

Hélas ! le 7 février au soir, le sous-préfet recevait l'ordre du gouvernement français d'évacuer et le camp et Lamarche, et de se retirer à Langres ou de rejoindre les troupes françaises rassemblées à Châlon-sur-Saône.

Les capitaines de l'*Avant-Garde* furent encore cette fois unanimes à demander cette dernière solution.

VII

Le 8 février, l'armée de la Délivrance quittait Lamarche pour se rendre à Châlon-sur-Saône par la ligne la plus courte. A peine était-elle sortie que les Prussiens prenaient bruyamment possession de la petite ville.

La colonne arriva le soir à Fresnes ; elle dut y rester deux jours et un troisième jour à Voisey, en attendant le laisser-passer de l'état-major prussien de Chaumont, conforme aux instructions du gouvernement français. (Pièce annexe n° 6.)

Le 12, la colonne se remit en marche. En tête les éclaireurs ; ensuite le chef militaire et le comité de défense nationale avec les bagages ; puis venait le bataillon du Gard commandé par le capitaine Renaud. Le bataillon de la Délivrance, sous les ordres du commandant Bernard défilait à son tour, parfaitement séparé de la première partie de la colonne, puis venait le convoi et enfin l'arrière-garde constamment fournie par une des compagnies du corps franc, fort à cette époque de plus de 1,000 hommes.

La colonne ainsi formée de deux corps bien distincts, précédé chacun de ses clairons, marchait fièrement, avec armes et bagages, fusils chargés, drapeaux déployés ; elle traversait de cette manière des contrées terrorisées par l'ennemi, au milieu de la surprise émerveillée des populations.

Le convoi transportait tous les approvisionnements que M. Martin avait réunis au camp de Boëne, pour pouvoir s'y maintenir pendant un mois environ au cas d'un investissement de la forêt par l'ennemi. Il se composait de 40 à 50 voitures de provisions de bouche, d'une dizaine de voitures de munitions de guerre, d'objets d'habillement et d'équipement et d'un troupeau de 14 bêtes à cornes et de 25 à 30 moutons.

Le 13, vers midi, la colonne traversait la ville de Gray, le fusil sur l'épaule, au son des clairons, bannières déployées, au milieu des acclamations enthousiastes de la population qui chantait des hymnes patriotiques ; les dames jetaient aux troupiers des lauriers et des fleurs, les postes prussiens rendaient les honneurs !!

Le soir, la colonne faisait étape à Broye-les-Pesmes.

Le lendemain, au moment de reprendre la marche, le commandant prussien de Pesmes faisait connaître au chef militaire qu'il s'opposait au départ, sous le prétexte que, ne se trouvant pas dans le rayon d'action de l'état-major prussien de Chaumont, il ne reconnaissait pas le laisser-passer dont on était porteur.

M. Martin pressentant que les Prussiens cherchaient à faire périmer le délai convenu pour traverser les lignes ennemies, chargea immédiatement le capitaine Hernani, récémment promu, défenseur et enfant de Strasbourg, chevalier de la Légion d'honneur, et qui parlait couramment la langue allemande, de se rendre près des généraux ennemis commandant à Dôle, dans le but d'obtenir confirmation des ordres en vertu desquels la colonne avait le droit de traverser les lignes prussiennes avec les honneurs de la guerre.

Le capitaine Hernani réussit pleinement, mais non sans difficulté, toutefois, dans la mission qui lui était confiée. Par ordre du 14 février, les généraux de Manteuffel et de Werder accordaient à notre petite armée une escorte d'honneur et le passage libre à travers leurs troupes, avec mention spéciale que les honneurs de la guerre lui seraient rendus. (Pièce annexe n° 7.)

Le 15 février on reprenait la marche et on traversait la ville de Dôle, où la population manifesta son enthousiasme comme à Gray : chants nationaux, vivats, fleurs, honneurs guerriers, rien ne manquait au triomphe de l'*Avant-Garde de la Délivrance!*... Mais toutes ces démonstrations serraient le cœur, car tous songeaient qu'elles n'étaient que tolérées par le vainqueur et qu'elles offraient, au fond, le spectacle poignant de la Patrie foulée sous les pieds de l'ennemi !

On fit étape à Tavaux.

Le lendemain la colonne traversait la ligne de démarcation à Annoire, entre deux haies formées par l'escadron d'honneur prussien en grande tenue et au port d'armes. Elle franchissait le Doubs et s'arrêtait enfin sur un territoire vierge du contact de l'ennemi, à Navilly.

VIII

Le 17 février, l'*Avant-Garde de la Délivrance* faisait gravement son entrée à Châlon-sur-Saône, non sans avoir attendu pendant un assez long temps à la porte de la ville pour se faire reconnaître. C'est là que MM. Goupil et Tissot, de retour de Bordeaux, parurent avec la croix de la Légion d'honneur, qu'ils remirent aussi à MM. Rollin et Loisant, pour lesquels ils l'avaient obtenue.

Récompense bien gagnée par tant d'abnégation et de patriotisme, mais que l'on regrettait hautement de ne pas voir briller aussi sur la poitrine du chef militaire (1).

Le surlendemain le sous-préfet partait pour Bordeaux en compagnie de son fidèle secrétaire et ami, M. Victor de Ponlevoy, et du commandant Bernard. Le commandement par intérim de l'*Avant-Garde* était remis par ses ordres au capitaine Coumès.

C'est à Bordeaux que M. Martin rédigea un rapport qu'il adressa le 25 février au gouvernement de la Défense nationale, sur les faits et gestes du comité militaire des Vosges, Meurthe et Meuse, et sur le corps franc de l'*Avant-Garde de la Délivrance.* (Pièce annexe n° 8.) On ne revit plus M. Martin.

---

(1) M. Martin a enfin reçu la récompense de ses loyaux services. Il a été décoré le 1ᵉʳ janvier 1881 par le grand-chancelier pour *services exceptionnels pendant la guerre de 1870-1871.*

L'auteur croirait manquer au respect dû à la vérité, s'il ne faisait connaître au moins approximativement ce qu'était le chef du bataillon de la Délivrance.

Avant Fontenoy, on remarquait bien chez le commandant Bernard les allures de l'aventurier, mais il parvenait à les maintenir dans des limites tolérables. Après Fontenoy, il ne les contint plus ; toujours en promenades, en fantasias avec son escorte d'éclaireurs dits cavaliers rouges, il commit autour du camp toutes sortes d'excentricités ou de sottises, heureusement sans importance ; mais pendant la marche entre le camp et Châlon, le commandant Bernard est sorti absolument de la voie de la raison et de l'humanité. Lorsqu'il revint à Chambéry après son voyage à Bordeaux, quelques jours avant le licenciement de l'*Avant-Garde*, il était perdu de réputation.

Bernard avait du courage, de l'entrain, une certaine vaillance, mais il ne possédait aucune connaissance militaire. Comment, de simple brigadier d'administration à Metz, a-t-il pu être adressé, par la légation de Tours, au comité militaire des Vosges, pour être placé à la tête d'un corps franc à créer ?...

IX

De Châlon, la colonne se rendit le 21 février à Tournus ; le bataillon du Gard fut cantonné à Royer et à Mancey, le bataillon de la Délivrance resta à Tournus, sauf trois compagnies qui furent détachées à Plottes sous les ordres du capitaine Adamistre.

Le 25, dans la matinée, parvenait à Tournus une dépêche ministérielle qui attachait, au titre de « troupe d'élite » la « petite armée des Vosges » cantonnée à Châlon ou dans ses environs, au corps d'armée du général Crémer, à Chambéry. A 2 heures du soir, la colonne entière, mobiles et francs-tireurs, montait en chemin de fer à Tournus et débarquait le lendemain matin à Chambéry, où elle fut casernée.

Le 1ᵉʳ mars, le bataillon du Gard était incorporé au régiment des mobiles de Saône-et-Loire, 86ᵉ provisoire, qu'il alla rejoindre à Annecy ; il partait ensuite pour Albertville, où il fut licencié le 20 mars. Cinq jours après il rentrait à Nîmes, d'où il était parti au mois d'octobre précédent.

Ces mobiles du 4ᵉ bataillon du Gard, arrachés tout à coup à leurs familles et à leur beau ciel du Midi, n'ayant pour tout vêtement qu'un pantalon de drap et une mince vareuse, armés d'un mauvais fusil à percussion et un sac de toile sur le dos, étaient partis, en chantant, pour une des régions les plus froides de la France, pour Langres, où on ne les attendait pas !

Nous avons dit, au cours de notre récit, la moisson de gloire que ce bataillon récolta, à Langres et au camp de Boëne, et l'on s'étonne qu'il ait réussi à mériter une aussi belle page, sous la conduite d'un commandant qui l'abandonna, à Lamarche.

Je salue avec la plus patriotique émotion, à quinze ans de distance, ces braves qui ont noms Renaud, Pradel, Bardon, Maruéjol, de Leuze, et tout ce beau corps d'officiers instruits, vaillants et courageux que je n'oublierai jamais !

X

Le 26 février 1871, l'*Avant-Garde de la Délivrance* arrivait à Chambéry, comme nous venons de le voir.

Le 27, les différents corps réunis dans cette ville étaient passés en revue, au Champ-de-Mars, par le général Crémer. Après le défilé, le général fit connaître à un groupe d'officiers dont l'auteur faisait partie, son intention de faire du bataillon de la *Délivrance* une avant-garde permanente et semi-indépendante de son corps d'armée en campagne. Le lendemain un ordre du général désignait notre corps franc sous le nom de *Bataillon des chasseurs de la Délivrance* et l'attachait, sous ce titre, à la 1ᵉ brigade de la 3ᵉ division.

Le 3 mars, le général Crémer appelé à Bordeaux était remplacé par le général de division de Polhès, qui, disait-on, nous était peu favorable. Ce jour-là éclatait la nouvelle du traité de paix, qui plongea et la troupe et les officiers dans le plus morne désespoir.

Le capitaine Coumès, pour réagir contre ce sentiment, adressa aux soldats de la Délivrance une proclamation patriotique qui produisit le meilleur effet (Pièce annexe nᵒ 9), et c'est le cœur haut et l'âme fière du devoir accompli que le bataillon se présenta le 5 mars, seul et sans armes cette fois, dans le jardin entouré de murs du château, à la revue du général de Polhès.

Le commandant Bernard, de retour de Bordeaux vers le 10 mars, reprit le commandement de son bataillon, mais on ne le revit plus à sa tête.

Les opérations du licenciement commencèrent le 13 mars; le 14, la troupe quittait Chambéry.

Ce n'est pas sans la plus profonde douleur que les officiers se séparèrent de leurs hommes, et des larmes bien amères furent versées sur les malheurs de la Patrie ! On jura solennellement, la main étendue, de se retrouver tous ensemble au jour de la revanche; les projets les plus extravagants étaient formés contre l'Allemagne, on n'entendait que des paroles de colère et d'indignation au sujet du traité de paix.

Adieu, francs-tireurs de la Délivrance, vous étiez tous de braves cœurs, des patriotes zélés, des soldats intrépides. Vous avez prouvé à Dombrot, à Lamarche, à Nogent, à Fontenoy, que la France pouvait compter sur vous jusqu'à la mort. Ces journées sont déjà bien loin de nous, mais votre héroïsme servira d'exemple à nos fils qui, un jour, jour prochain peut-être, seront les vengeurs de notre défaite, les rédempteurs de l'Alsace et de la Lorraine!

Le 15 mars, les officiers étaient licenciés à leur tour. Ils purent encore, avant de se séparer et dans une circonstance bien douloureuse, tenir haut et glorieux le drapeau du corps franc de la Délivrance,

Vers le milieu de ce triste jour, la cartouchière de Chambéry fait explosion. De nombreuses victimes humaines sont projetées dans toutes les directions, au milieu des débris de la toiture, des murailles et du matériel de l'établissement. Les officiers de l'*Avant-Garde* apparaissent des premiers sur le lieu de la catastrophe, ils s'élancent au travers des détonations partielles de quelques cartouches ou tonneaux de poudre qui éclatent au milieu des flammes, de la fumée, des cris des blessés, des gémissements des mourants, des lamentations de la foule. Ils arrachent un grand nombre des malheureuses victimes à une mort certaine, retirent de dessous les décombres quelques cadavres carbonisés, quelques tronçons humains sans forme et tout noirs, et quand le sauvetage est terminé, ils disparaissent en hâte pour se rendre à leur devoir. C'est l'heure du licenciement!

Mais le souvenir du dévouement dont les officiers du bataillon de la Délivrance ont fait preuve devait être consacré par l'acte spontané de reconnaissance que M. le maire de la ville de Chambéry remplissait le jour même, en écrivant au commandant Bernard (Pièce annexe n° 10) une lettre qui est comme un adieu suprême à l'*Avant-Garde de la Délivrance* !

ANNEXES

DÉCRET

Le membre du gouvernement de la Défense nationale, ministre de l'intérieur et de la guerre,

En vertu des pouvoirs à lui délégués par le gouvernement, par décret en date à Paris du 1er octobre 1871,

Considérant qu'il importe d'organiser la défense locale, et de donner un point d'appui à l'action des gardes nationaux pour les mettre en état de résister à l'ennemi,

DÉCRÈTE :

ARTICLE 1er. — Tout département dont la frontière se trouve, par un point quelconque, à une distance de moins de cent kilomètres de l'ennemi, est déclaré *en état de guerre*. Cette déclaration est faite par le chef militaire du département, aussitôt qu'il a connaissance de l'approche de l'ennemi à la distance sus-énoncée, et est immédiatement rendue publique, à la diligences des autorités civiles et militaires.

Tous avis concernant la marche de l'ennemi sont transmis directement, par la voie la plus prompte, aux chefs militaires et aux préfets des départements situés dans un rayon de cent kilomètres au moins dans le sens de la marche de l'ennemi.

ART. 2. — L'état de guerre entraîne les conséquences suivantes :

Le chef militaire du département convoque, toute affaire cessante, un *comité militaire* de cinq membres au moins, et neuf au plus. Ce comité se compose, outre le chef militaire qui le préside, d'un officier du génie ou, à défaut, d'artillerie, d'un officier d'état-major, d'un ingénieur des ponts et chaussées et d'un ingénieur des mines. A défaut de ces divers fonctionnaires, les membres sont choisis parmi les personnes qui, à raison de leurs aptitudes ou de leurs antécédents, s'en approchent le plus.

Le comité, après avoir visité, s'il y a lieu, le terrain, désigne, dans les quarante-huit heures à partir de la déclaration d'état de guerre, les points qui lui paraissent le plus favorablement situés pour disputer le passage à l'ennemi.

Ces points sont immédiatement fortifiés à l'aide de travaux en terre, d'abattis d'arbres et autres moyens d'un emploi rapide et peu dispendieux. Ces fortifications prendront, selon le cas, le caractère d'un camp retranché pouvant contenir tout ou partie des forces disponibles du département, et recevoir, s'il y a lieu, de l'artillerie. Chacune des voies par lesquelles l'ennemi est supposé pouvoir avancer recevra au moins un système de défense semblable, dans les limites du département. Il ne sera fait exception que lorsque la voie sera déjà commandée dans le département par une place fortifiée.

Art. 3. — Le comité militaire ou les membres délégués par lui auront droit de réquisition directe sur les personnes et les choses pour procéder à l'établissement des travaux sus-mentionnés. Ils paieront les dépenses à l'aide de bons délivrés par eux, et qui seront acquittés sur les fonds du département ou des communes, ainsi qu'il sera dit plus loin.

Art. 4. — Dès que le chef militaire du département jugera qu'un des points ainsi fortifiés est menacé, il y dirigera les forces nécessaires à la défense. Ces forces seront empruntées, soit aux troupes régulières ou auxiliaires du département, non utilisées pour les opérations du corps d'armée en campagne, soit à la garde nationale sédentaire. A cet effet, le chef militaire jouira du droit de convoquer les gardes nationales jusqu'à quarante ans, de telle commune qu'il désignera. Il aura le commandement en chef de toutes les forces ainsi réunies et présidera lui-même à la défense.

L'officier du grade le plus élevé après lui commandera sur un autre point.

Art. 5. — Si un passage est forcé par l'ennemi, on veillera à rétablir la fortification aussitôt que possible, de manière à couper la retraite à l'ennemi, et ce passage sera gardé jusqu'à ce que le chef militaire juge l'ennemi suffisamment éloigné.

Art. 6. — Tant que dure l'état de guerre d'un département, les gardes nationaux convoqués à la défense sont placés sous le régime des lois militaires ; s'ils manquent à l'appel ou s'ils n'accomplissent pas leurs devoirs de soldat, ils sont passibles des peines prévues par le code de l'armée.

A défaut d'uniforme, les gardes nationaux convoqués doivent porter le képi afin de constater leur qualité militaire.

Ils doivent, au moyen des bons qui leur seront remis par les soins du comité militaire, se pourvoir de vivres pour trois jours, sans préjudice des approvisionnements de tous genres que le comité militaire aura pu réunir directement sur les lieux.

Art. 7. — Les bons délivrés par le comité militaire sont reçus comme espèces dans les caisses publiques, et acquittés au moyen d'un emprunt contracté au nom du département par le conseil général, et, si le conseil général a été dissous, par une commission départementale nommée par le préfet.

Art. 8. — Dès la publication du présent décret, les préparatifs de **défense ci-dessus prescrits commenceront d'urgence** dans les départements compris dans la zone de guerre jusqu'à cent kilomètres au moins de l'ennemi, et les départements au delà de cette zone se livreront aux études préliminaires tendant à déterminer les points à fortifier ultérieurement.

Les officiers du génie de tous grades, occupés au service courant ou attachés à des corps en campagne, mais non indispensables aux opérations de ces corps, se feront connaître immédiatement au délégué du ministre de la guerre, qui leur donnera des destinations dans les départements, pour être attachés aux comités militaires et y diriger les travaux de défense prescrits par ces comités.

ART. 9. — Les chefs militaires des départements sont rendus personnellement responsables de l'organisation de la défense et de la résistance à opposer à l'ennemi.

Fait à Tours, le 14 octobre 1870.

Le membre du gouvernement,
ministre de l'intérieur et de la guerre,
L. GAMBETTA.

Par le ministre,
*Le délégué du ministre
au département de la guerre,*
C. DE FREYCINET.

ANNEXE N° 2.

DÉCRET

Le membre du gouvernement de la Défense nationale, ministre de l'Intérieur et de la Guerre.

En vertu des pouvoirs à lui délégués par le Gouvernement, par décret en date, à Paris, du 1er octobre 1870;

Considérant qu'il importe non seulement d'arrêter l'ennemi dans sa marche par la défense locale organisée par le décret du 14 octobre 1870, mais aussi d'empêcher, par des mesures énergiques, le ravitaillement de l'armée envahissante en faisant le vide devant elle;

DÉCRÈTE :

ARTICLE PREMIER. — Dans tous les départements en état de guerre, le comité militaire pourra, après avoir pris l'avis du préfet, requérir l'évacuation immédiate des chevaux, bestiaux, voitures et approvisionnements de toute espèce, de nature à servir à l'ennemi.

Le comité militaire fera connaître la zone hors de laquelle les approvisionnements devront être évacués, et le préfet déterminera les points sur lesquels ces approvisionnements devront être dirigés.

Ces points pourront être choisis hors du département, et, dans ce but, le préfet se concertera, s'il y a lieu, avec ses collègues des autres départements.

Art. 2. — Lorsque l'évacuation n'aura pu avoir lieu à temps, le comité militaire requerra et poursuivra la destruction du matériel et des approvisionnements de toute nature, pour éviter qu'ils tombent entre les mains de l'ennemi.

Art. 3. — Des reçus en poids et en nombre seront donnés aux habitants. Les estimations seront faites à dire d'experts. Le prix sera réglé ultérieurement, ou, s'il y a lieu, les quantités seront rendues en nature.

Art. 4. — Au reçu du présent décret, les préfets se concerteront immédiatement entre eux, ainsi qu'avec les autorités militaires, et s'entoureront de toutes les personnes compétentes pour déterminer à l'avance les points sur lesquels les approvisionnements devront, le cas échéant, être dirigés. Ces points seront choisis de manière que les ressources mises en mouvement soient, autant que possible, utilisées pour les besoins des armées de la défense nationale.

Art. 5. — Une instruction, rédigée de concert entre le ministre de la guerre et le ministre de l'intérieur, réglera l'exécution du présent décret.

Art. 6. — Les chefs militaires et les préfets des départements seront rendus personnellement responsables de l'exécution du présent décret.

Tours, le 22 octobre 1870.

Le Membre du Gouvernement,
Ministre de l'Intérieur et de la Guerre,

L. GAMBETTA.

Le Délégué du Ministre
au département de la Guerre,

C. DE FREYCINET

ANNEXE N° 3.

MINISTÈRE DE LA GUERRE

Tours, le 29 novembre 1870.

ORDRE

Il est formé à Neufchâteau un comité militaire chargé de la défense du département des Vosges.

Ce comité étendra son action sur les départements de la Meuse et de la Meurthe.

Il est composé des membres dont les noms suivent :

MM. Martin (Victor) ;
    Chevalier (Hector), agent voyer ;
    Goupil, conducteur du chemin de fer de l'Est :
    Lenoir, ancien sous-officier du génie ;
    Petot, capitaine de la garde nationale ;
    V. de Pontlevoy, id. ;
    Tissot, maître charpentier ;
    Rollin, conducteur du chemin de fer de l'Est ;
    Vautrin, capitaine de la garde nationale.

M. Victor Martin est nommé chef militaire et président du comité.

Le comité militaire des Vosges aura tous les pouvoirs qui lui sont attribués par les décrets en date des 14 et 22 octobre 1870.

Tous les agents de l'administration, et notamment ceux qui dépendent du service des ponts et chaussées et des chemins de fer, seront à la disposition du comité militaire du département des Vosges.

Par le ministre,

Le délégué du ministre au département de la guerre,

C. de Freycinet.

ANNEXE N° 4.

MINISTÈRE DE LA GUERRE

Bordeaux, le 29 janvier 1871.

MM. Chevalier (Hector), Lenoir, employé du chemin de fer de l'Est, et Vautrin, banquier à Neufchâteau, membres du comité militaire des Vosges, sont relevés de leurs fonctions.

MM. Simonin (Alphonse), Krombert (Charles), propriétaire, et Loisant, ingénieur civil, sont nommés membres du comité militaire des Vosges.

Le ministre de l'intérieur et de la guerre,

L. Gambetta.

ANNEXE N° 5.

CONVENTIONS

Passées avec les autorités prussiennes, qui ont permis à ce petit corps, opérant au cœur des Vosges, de se retirer, à la suite de l'armistice conclu à Paris, dans les lignes de démarcation.

Entre les soussignés :

1° M. le lieutenant Keller, délégué de M. le commandant allemand à Épinal ;

2º M. le commandant Bernard, délégué de M. le président du comité militaire de défense des Vosges, il a été observé et arrêté ce qui suit :

En raison des propositions de suspension des hostilités qui ont été faites par M. le lieutenant Keller, au nom de son commandant, la ligne de démarcation fixant l'occupation des troupes françaises et allemandes a été tracée d'un commun accord de la manière suivante :

Les troupes françaises cantonnées à Lamarche et environs occuperont exclusivement les cantons de Lamarche et de Bulgnéville, ainsi qu'une partie du canton de Darney limitée par les villages de Saint-Baslemont, Dombasle-dessous-Darney, Belrupt et Hennezel, et le canton de Monthureux-sur-Saône, et de plus les villages de Dombrot-le-Sec et Contrexéville du canton de Vittel.

Elles conserveront la communication directe avec Langres par les routes de Damblin-Montigny et de Bourbonne-Neuilly, et se réservent exclusivement le droit de réquisition dans toute la contrée ci-dessus occupée par elles.

La suspension d'armes finira le 19 février, à midi.

Lamarche, le 4 février 1871.

Pour le commandant des forces allemandes,

V. KELLER.

Le commandant des forces françaises,
BERNARD.

———

ANNEXE Nº **6**.

Les troupes du commandant Bernard, campées à l'est de Langres, Lamarche, Bulgnéville, etc., pourront se replier librement et sans être inquiétées en cinq journées de marche, commençant hier le 9 février, en passant par Jussey, Gray, pour se rendre à Dôle dans le département du Jura.

Chaumont, le 10 février 1871.

Le colonel d'état-major.
Signé : DE KRENSKI.

———

ANNEXE Nº **7**.

Son Excellence le général de Manteuffel, commandant en chef la cavalerie, ordonne que les troupes françaises, sous le commandement du colonel Bernard, stationnant près de Pesmes, auront le passage libre avec escorte d'honneur à travers nos troupes.

Les troupes françaises sus-dénommées seront accompagnées demain, le 15 de ce mois, des environs de Pesmes jusqu'à Tavaux, Champ-d'Hiver et Molay, village que nos troupes évacueront immédiatement; on aura soin que la nourriture et les logements soient prêts pour les troupes françaises. Le capitaine de Troben est commandé avec un escadron de cavalerie pour accompagner ladite colonne jusqu'à Annoire, ligne de démarcation.

Les instructions du capitaine de Troben seront les suivantes : que les logements et la nourriture soient prêts; il en est rendu responsable; que la marche s'effectuera avec tous les honneurs de la guerre, qui seront rendus par les troupes allemandes. Il ne souffrira aucune vexation de notre côté. Mais il est entendu que les troupes françaises ne s'écarteront pas de la ligne qui leur est tracée.

Le colonel Nachtigall recevra les ordres de se mettre entièrement à la disposition du commandant français et d'accompagner les troupes françaises à travers Pesmes.

Le capitaine de Troben, avec un escadron en grande tenue, se présentera devant le commandant français pour se mettre à sa disposition.

Le capitaine Hernani Frédéric, parlementaire et fondé de pleins pouvoirs, s'engage de faire exécuter du côté français les conditions ci-dessus.

Fait en triple à Dôle, le 14 février 1871.

Pour le général de Werder,
Le général d'état-major,
Signé: LEZINSKI.

Le capitaine français,
Signé : HERNANI FRÉDÉRIC.

ANNEXE N° **8**.

RAPPORT DE M. VICTOR MARTIN

SOUS-PRÉFET DE NEUFCHATEAU
Pendant la Défense nationale.

Bordeaux, le 25 février 1871.

A monsieur le ministre de l'intérieur,

Monsieur le ministre,

Un ordre ministériel du 9 novembre 1870 institua sous ma présidence, dans le département des Vosges, un comité de défense nationale, qui avait mission de réorganiser, au cœur même de l'invasion, un foyer de résistance armée, d'inquiéter l'ennemi, d'arrêter le ravitaillement de ses troupes, et de couper ses communications avec l'Allemagne. Cette tâche était des plus difficiles, car nous étions en plein pays envahi, abandonnés à nous-mêmes et complètement dénués de ressources. Nous l'acceptâmes néanmoins sans hésitation, et le 27 novembre nous arrivions à Lamarche, canton sud de l'arrondissement de Neufchâteau, le seul vierge encore des souillures de l'ennemi. Nous nous mîmes immédiatement à l'œuvre.

M. le ministre de la guerre avait mis à ma disposition M. le capitaine Bernard, et le plus heureux hasard m'avait fait rencontrer à Lamarche le lieutenant Coumès, en quête d'aventures. Tous deux étaient jeunes, vaillants, pleins d'ardeur patriotique, et avec eux je travaillai dès le premier jour au recrutement d'un corps franc portant le nom d'*Avant-Garde de la Délivrance*, corps dont l'effectif s'accrut rapidement et qui forme aujourd'hui un bataillon de 1,000 hommes parfaitement équipés. Je rétablis tous les services publics, arrêtés depuis l'invasion ; j'organisai, avec l'aide du comité de défense, un système de réquisitions en nature sur les communes environnantes, et nous pûmes par ce moyen nourrir et habiller nos soldats, sans demander un centime au gouvernement, dont nous séparait d'ailleurs un cercle infranchissable de Prussiens. Enfin je pris des mesures énergiques pour que les moindres mouvements de l'ennemi me fussent signalés de toutes part avec célérité. Là était notre salut.

Assurée contre toute surprise et confiante en ses chefs, notre petite troupe se mit avec ardeur, dès le début, à poursuivre les détachements allemands qui parcouraient le pays, à saisir les traîtres, les espions, les ravitailleurs de l'ennemi et leurs approvisisionnements, à remettre enfin partout l'ordre et la justice à la place de l'immonde anarchie qui désolait la contrée. Ainsi le lieutenant Coumès, avec 7 hommes, enleva à Contrexéville-aux-Eaux un détachement prussien de 17 hommes et d'un officier, qu'il ramena prisonniers à Lamarche ; ainsi nous pûmes faire en quelques jours pour plus de 60,000 francs de prises qui furent expédiées à la forteresse de Langres, avec laquelle nous étions en communication.

Les Prussiens s'émurent d'un semblable état de choses, et dès le 9 décembre un corps de 600 hommes envoyé contre nous arrivait à 12 kilomètres de Lamarche. Le capitaine Bernard, à la tête de 50 hommes, les surprit à Dombrot-le-Sec à 5 heures du matin, leur tua ou blessa, pendant une demi-heure environ 80 soldats et officiers, s'empara de trois canons, qu'il fut d'ailleurs obligé d'abandonner aussitôt.

Le capitaine Bernard dut se retirer avec une perte de trois morts et cinq blessés.

Nos ennemis terrifiés n'osèrent pas aller plus loin ; mais deux jours plus tard, ayant reçu du renfort, ils vinrent attaquer Lamarche, notre quartier général, au nombre de 12 à 1,300. Nous n'avions que 150 hommes à leur opposer ; néanmoins on n'hésita pas à se porter à leur rencontre, et, le 11 décembre au matin, la bataille s'engagea dans la neige, au milieu d'un brouillard intense. Après un combat acharné qu dura trois heures, le capitaine Bernard et le lieutenant Coumès, craignant de voir enfin leurs soldats succomber sous le nombre, ordonnèrent prudemment la retraite. Ils laissaient sur le terrain 187 cadavres ennemis, et un nombre inconnu de blessés ; eux-mêmes n'avaient perdu, grâce à leurs habiles mesures, qu'un mort et huit blessés. Les Prussiens entrèrent le soir même à Lamarche, qu'ils se hâtèrent d'évacuer le lendemain matin, emmenant avec eux des otages et 5,000 francs pillés dans la caisse municipale. L'*Avant-Garde*, faisant un circuit dans la forêt du Seigneur, alla coucher au *camp de la Délivrance*, que nous venions de créer, à 6 kilomètres de Lamarche, au sommet de la montagne boisée du Crochet, défendue de tous côtés par des pentes abruptes.

Il était désormais évident que l'insuffisance de notre effectif nous mettait hors d'état d'opposer aux agressions de l'ennemi une résistance victorieuse. Pour la seconde fois j'allai demander à la place de Langres des secours en hommes et en armes ; mais, je le dis avec douleur, un refus persistant fut, comme toujours, la seule réponse que mes supplications obtinrent du général commandant supérieur.

Il n'y avait plus d'illusions à se faire, ni d'espoir à conserver : entourés d'ennemis, nous étions seuls, abandonnés à notre propre faiblesse. Mais nous avions résolu de défendre à tout prix le sol natal, et dans notre abandon même, nous puisâmes une énergie nouvelle. Nos travaux de campement et de recrutement furent repris avec une activité fiévreuse.

Pendant que des officiers déguisés, au premier rang desquels je signalerai l'un de nos meilleurs officiers, le brave capitaine Adamistre, parcouraient le département, enrôlant en tous lieux de vaillants volontaires, j'appelais au mont de la Délivrance des centaines d'ouvriers. On construisait sans relâche des baraques, des retranchements des blockhaus ; on en faisait enfin un repaire inaccessible où notre troupe, à l'abri des entreprises ennemies, put en toute sécurité, s'équiper, s'organiser, s'exercer. Je faisais rechercher partout les fusils délivrés aux gardes nationaux des Vosges, et, pour monter un corps d'éclaireurs à cheval qui nous était indispensable, je mettais en réquisition tous les chevaux de selle existant dans nos environs. Enfin je m'occupais activement de préparer pour la lutte les mobilisés de la première catégorie, destinés dans ma pensée à venir successivement accroître par leur incorporation nos forces militaires. Aujourd'hui, tous ces hommes habillés et équipés aux frais de leurs communes respectives, sont prêts à marcher au premier signal.

Le cours de ces diverses opérations fut plus d'une fois retardé et même interrompu par l'ennemi, contre lequel nous avions à soutenir des combats incessants. mais qui n'osa jamais aborder le formidable massif où nous avions assis le camp de la Délivrance.

Les choses allèrent ainsi jusqu'au 9 janvier 1871, époque à jamais mémorable dans les humbles fastes de l'*Avant-Garde de la Délivrance*. Ce jour-là, le 4ᵉ bataillon des mobiles du Gard nous arriva de Langres ; il m'était envoyé par le ministère, sur la recommandation expresse de notre cher protecteur, M. le commandant de Ponlevoy, auquel j'avais, en désespoir de cause, adressé mes doléances.

Ce renfort inespéré triplait notre effectif; nous pouvions enfin songer à ce sérieuses opérations militaires. La destruction d'un ouvrage d'art sur le chemin de fer de Paris à Strasbourg était depuis longtemps résolue, et d'après l'avis de M. Alexandre, chef de section au service de la Compagnie de l'Est, nous nous décidâmes pour le pont de Fontenoy, dont la destruction présentait le plus de chance de réussite

Le 18 janvier 1871, le commandant B rnard, nommé chef de bataillon après la bataille de Lamarche, partit avec sa colonne et, voyageant la nuit dans la neige, à travers les bois, il parvint à dissimuler complètement sa marche. Arrivé devant Fontenoy le 22, à 5 heures du matin, il enlevait en dix minutes le poste prussien de garde à la station, et à 7 heures le pont sautait, coupé sur une longueur de 40 mètres. Trois jours après, la colonne rentrait au camp, harassée de fatigue, mais heureuse et fière du succès obtenu dans cette pointe hardie poussée jusqu'au cœur des lignes ennemies.

Pendant cette expédition, une poignée d'hommes commandée par un jeune officier des éclaireurs à cheval, était allé faire une diversion bruyante dans la vallée de Meuse, à Bourmont, afin d'attirer de ce côté l'attention de la garnison de Neufchâteau D'autre part, cette garnison avait été avertie par ses espions de la sortie de nos troupes. Elle se mit donc en campagne au nombre de 800 hommes, remontant la Meuse jusqu'à Bourmont, et n'y trouvant plus rien, elle marcha de là sur Vrécourt, dans l'intention probable d'attaquer le camp qu'elle supposait peu défendu. Mais j'avais pu, dans l'intervalle, recruter et armer de nouveaux volontaires. De plus, le commandant Bernard, prévenu par moi de cette entreprise que je prévoyais, m'avait renvoyé à temps le bataillon du Gard. Accueilli en avant de Vrécourt par une vive fusillade, ét n'espérant plus nous surprendre sans défense, l'ennemi dut s'en retourner à Neufchâteau, laissant une centaine des siens sur le terrain

Il n'était pas difficile de prévoir les conséquences inévitables du coup de main sur Fontenoy. Les Prussiens allaient tâcher d'anéantir un petit corps dont les entreprises devenaient menaçantes pour leur propre sûreté. Aussi le 27 janvier je recevais avis que 6,000 hommes avec douze canons, venaient de quitter Épinal, marchant contre nous. A ma demande de renfort, M. le général commandant la place de Langres répondit, comme de coutume, par un refus évasif. Mais il nous fallait vaincre ou succomber, et je voulais le salut, je voulais la victoire de notre brave Avant-Garde.

Je dépêchai donc sans tarder le capitaine Coumès au colonel Lobbia, qui se trouvait en ce moment à Langres avec 1,500 hommes, 200 chevaux, 2 canons de montagne, et qui n'hésita pas à se mettre en route pour nous rejoindre. Je le destinais à occuper secrètement la grande forêt de la Bondice, entre Bourbonne et Lamarche, pour tomber de là sur les derrières de l'ennemi, au moment même où celui-ci aurait assailli notre camp. C'eût été, je l'espérais du moins, une défaite certaine pour nos agresseurs.

La fortune en avait décidé autrement. L'armistice vint, qui fit subitement évanouir tous mes rêves de victoire. Lobbia fut arrêté à Neuilly, les Prussiens à Darney, et je fus sommé d'avoir à évacuer les Vosges, aux termes des conventions de Paris, sommation à laquelle je répondis par un refus péremptoire.

Sur ces entrefaites, le général prussien Kreinski, qui venait d'assiéger et de prendre Longwy, était arrivé à Neufchâteau avec son corps de siège, fort de 12 à 15,000 hommes, destiné sans doute à l'investissement de Langres. Ce général, impatient de marcher en avant, nous fit menacer d'une attaque immédiate ; mais je résistai aux menaces comme à la sommation, alléguant pour bonnes raisons que j'ignorais tout et que j'étais sans ordres du gouvernement français. Nous voulions du moins avoir l'honneur sauf : notre sentiment à cet égard était unanime.

Ils arrivèrent enfin, ces ordres douloureux. Ce fut M. le général gouverneur de Langres qui me les transmit, m'offrant en même temps un asile sous les murs de sa forteresse.

Il nous fallut donc évacuer le Mont-Sacré, notre mystérieux refuge. Mais nous décidâmes d'un commun accord que, loin de nous immobiliser sous les forts de Langres, nous devions nous hâter de regagner par tous les moyens possibles les rangs de l'armée française, dans la prévision d'une reprise éventuelle des hostilités.

Des pourparlers furent entamés avec le général Kreinski, qui nous accorda un sauf-conduit jusqu'à Dôle, et le 9 février, nous quittions, dans un morne silence, le théâtre de nos souffrances et de nos luttes patriotiques. Trois jours après, j'envoyais de Membrey (Haute-Saône) un officier parlementaire aux généraux Werder et de Manteuffel, pour régler avec eux les conditions de notre passage à Dôle. Ces deux généraux, surpris qu'une petite colonne de 2,000 hommes se soit maintenue jusqu'au dernier jour au milieu des armées prussiennes, se comportèrent à notre égard avec une loyauté vraiment chevaleresque. Non seulement ils nous accordèrent toutes facilités pour la traversée de leurs lignes, mais ils voulurent qu'un escadron de dragons en grande tenue nous accompagnât, comme escorte d'honneur, jusqu'à la ligne de démarcation, fixée par le traité de Paris aux limites du département de Saône-et-Loire. Ainsi nous avons traversé, drapeau et musique en tête, les villes de Gray et de Dôle, entre deux haies de Prussiens l'arme au bras, aux cris mille fois répétés de : « Vive la France ! Vive la République ! » que poussaient, rassemblées sur les trottoirs, les populations ébahies.

A Châlon-sur-Saône, où nous sommes arrivés le 17 au soir, se terminait notre retraite des *deux mille*. Nous étions enfin au milieu de nos frères de l'armée française, heureux d'avoir pu conserver à la patrie de braves soldats, tout prêts à verser encore leur sang pour la défendre. A ma sollicitation, M. le général commandant la 8e division militaire à Lyon vient de les cantonner dans la petite ville de Tournus, sur la Saône, et je suis venu moi-même à Bordeaux vous rendre compte de mes actes militaires et administratifs dans les Vosges.

Veuillez agréer, monsieur le ministre, etc.

Le sous-préfet de Neufchâteau, chef militaire,

Signé : VICTOR MARTIN.

N. B. — Le bataillon de l'*Avant-garde de la Délivrance* fut envoyé plus tard à Chambéry pour y être licencié, et là encore il trouva, avant d'expirer, l'occasion de signaler sa vaillance. Le 15 mars la cartoucherie de Chambéry sauta en l'air, et, pendant que les habitants fuyaient épouvantés, nos officiers se précipitèrent courageusement au milieu des flammes et des explosions sans cesse renaissantes, bravant ainsi la mort pour arracher à l'incendie les malheureuses victimes de cette catastrophe. M. le maire de Chambéry écrivit à cette occasion au commandant Bernard une lettre de chaleureuses félicitations qu'ont publiée les journaux du temps.

Bis. — Un officier de l'intendance prussienne d'Épinal a avoué à un prisonnier que le corps envoyé contre nous avait perdu plus de 300 hommes au combat du 11 décembre.

Ter. — Le *camp de la Délivrance* est situé à 3 kilomètres du *Chêne des partisans,* célèbre pour avoir servi de lieu de rendez-vous aux partisans lorrains dans les guerres du XVIIᵉ siècle entre la Lorraine et la France. Une mystérieuse destination semble fairede cette forêt la terre classique des luttes de l'indépendance nationale.

Quater. — Dès le 12 janvier j'avais, en vue d'un blocus possible, approvisionné notre camp pour un mois en bestiaux, fourrages, vins, farines, comestibles de toute espèce, que nous avons amenés avec nous jusqu'à Châlon.

P.-S. — La colonne expéditionnaire de Fontenoy était composée de 300 hommes d'élite, formant cinq petites compagnies commandées;

La 1ʳᵉ par le commandant Bernard, qui en avait conservé le commandement particulier.

La 2ᵉ par le capitaine Coumès, qui enleva, de concert avec le lieutenant Magnin, le poste prussien de la gare.

La 3ᵉ par le capitaine Adamistre qui, placé sur le pont-viaduc du côté de Toul avec sa compagnie, assista les membres du comité dans les travaux de mine et veilla jusqu'au dernier moment à la sûreté des travailleurs.

La 4ᵉ par le lieutenant Magnin, en l'absence du capitaine Richard, détaché sur la voie ferrée, vers Commercy.

La 5ᵉ par le capitaine Maillère.

Pour copie conforme :

VICTOR MARTIN. (1)

---

(1) Ce rapport de M. Martin a paru dans le journal le *Mémorial des Vosges* du 21 janvier 1881 et c'est grâce à ce journal qu'il est publié ici.

ANNEXE N° **9.**

EXTRAIT

De la GAZETTE DU PEUPLE, *de Chambéry, du 5 mars 1871.*

M. Coumès, commandant le bataillon des *Chasseurs de la Délivrance*, a bien voulu nous communiquer la proclamation qu'il vient d'adresser à ses frères d'armes en ce moment à Chambéry. Nous la reproduisons avec d'autant plus de plaisir que le *Bataillon de la Délivrance*, aussi modeste que guerrier résolu, s'est toujours distingué par son courage et son bon esprit de discipline.

République française

Liberté, Egalité, Fraternité

PROCLAMATION

SOLDATS DE LA DÉLIVRANCE !

Au milieu des malheurs qui nous accablent, au milieu de tant d'abaissement et de trahisons, une consolation reste au *Bataillon de la Délivrance* : *Le Bataillon de la Délivrance* n'a pas capitulé et ne capitulera jamais ! Aussi, est-ce pour moi un devoir de ne pas tarder plus longtemps à vous exprimer, au nom du pays tout entier, sa reconnaissance pour les bons et loyaux services que vous avez rendus à la patrie durant cette guerre néfaste où particulièrement vous avez combattu pour vos foyers.

Il y avait déjà trois mois que le traître de Metz avait achevé de livrer la France, que vous luttiez encore dans les Vosges, affirmant par votre présence au cœur de l'ennemi que l'occupation militaire de l'Alsace et de la Lorraine par l'armée étrangère n'était pas encore un fait accompli.

A peine vêtus, à vos glorieux débuts, et rappelant le *Bataillon de la Moselle*, en sabots, sans souliers, sans abri, dans cette guerre sans quartier, disputant le peu que vous mangiez aux barbares envahisseurs, traqués dans les forêts comme des bêtes fauves, vous n'avez dû, épargnés tant de fois par la mort, la plupart échappés aux mains de l'ennemi, d'être conservés à la rédemption nationale qu'au dévouement fraternel de ces patriotiques populations qui, malgré tant d'oppression et d'écrasement, surent toujours vous garder un morceau de pain.

Grâce à elles et aussi à votre abnégation, pendant trois mois, vous n'avez pas coûté un seul sou à la France.

Vous qui fûtes traités d'aventuriers et de bandits, vous les *loups de la forêt*, vous sûtes inspirer, par vos mâles vertus, tant de respect à l'ennemi, que ceux-là mêmes qui furent les premiers à vous traiter ainsi furent aussi les premiers à vous donner des escadrons d'honneur pour vous accompagner au travers des lignes prussiennes. Tous les honneurs de la guerre, et cela sans l'influence d'aucun gouvernement, traitant de puissance à puissance, vous ont été rendus par les corps allemands, le général de Werder à leur tête ; dernier hommage offert par un peuple sauvage à des braves qui ne se *repliaient* que pour obéir à leur gouvernement !

Vous avez été les premiers de l'armée française à qui ces témoignages d'admiration aient été donnés : car ce n'est que quatre jours après vous que la garnison de Belfort recevait les mêmes honneurs.

Ce souvenir peut adoucir le chagrin de voir votre pays meurtri, abandonné lâchement à la race allemande.

Soldats de la Délivrance !

Accepterez-vous le honteux marché conclu entre la France et l'Allemagne, vous qui êtes restés jusqu'à ce jour les dignes descendants de ces Français auxquels, il y a 75 ans, un tout jeune général disait au milieu des neiges éternelles des Alpes, que la République, qui savait leur misère comme leurs sacrifices, ne pouvait rien pour eux, mais qu'elle attendait tout de leur courage ?

— Non, non, mille fois non !

Aussi ce n'est pas seulement dans les champs envahis de la France, mais dans les plaines de la plus vieille Prusse, que j'espère pouvoir crier un jour avec vous :

Vive la France! vive la République !

Chambéry, le 4 mars 1871.

Le capitaine commandant par intérim le Bataillon
des Chasseurs de la Délivrance.

COUMÈS.

ANNEXE N° **10.**

EXTRAIT

Du journal l'INDÉPENDANT DES PYRÉNÉES-ORIENTALES,
4ᵉ année, n° 25, du samedi 1ᵉʳ avril 1871.

Les préliminaires de paix signés, l'Avant-Garde a été envoyée à Chambéry où elle a dû procéder à son licenciement. Là encore elle a trouvé le moyen de s'illustrer. On connaît l'horrible catastrophe survenue le 15 mars dernier dans cette ville. Soixante victimes, dont plus de la moitié frappées mortellement, furent le résultat de l'explosion de la poudrière. La lettre suivante de M. le maire de Chambéry dit assez l'admirable conduite de MM. les officiers de l'Avant-Garde dans cette circonstance :

« Chambéry, le 16 mars 1871.

« Monsieur le commandant,
« Votre conduite et celle de MM. vos officiers pendant l'horrible sinistre de la cartoucherie de Sainte-Claire a été admirable de courage, de sang-froid et de dévouement !

« Pendant que la foule fuyait au loin, affolée de terreur, vous les vaillants, vous les braves, couriez résolûment au danger et rendiez à la vie de nombreuses victimes, vouées à une mort certaine.

« Au nom de ces âmes reconnaissantes, au nom de leurs familles éplorées, au nom de la ville de Chambéry tout entière, pleine d'admiration pour tant de dévouement et de bravoure, soyez, monsieur le commandant, vous et vos nobles compagnons d'armes, mille fois remerciés et bénis.

« Le maire de Chambéry,
« PYTHON. »

Voilà des Français qui peuvent dire hautement qu'ils ont fait leur devoir !

ANNEXE N° 11.

TABLEAU

Des compagnies franches qui ont pris part à l'expédition
de Fontenoy-sur-Moselle.

Compagnie Bernard. — 85 hommes.

BERNARD, commandant, ancien sous-officier (tué en 1880 dans la guerre du Pérou contre le Chili).

RIVOT, lieutenant, ancien sous-officier (employé des contributions indirectes).

SIMÉON, sous-lieutenant, sergent-major à Metz (lieutenant au 85ᵉ de ligne).

Compagnie Coumès. — 75 hommes.

COUMÈS (*), capitaine, sous-lieutenant au 93ᵉ de ligne (chef de bataillon au 2ᵉ régiment étranger).

GARCIEU, sous-lieutenant, sergent-major à Metz (?).

Compagnie Adamistre. — 50 hommes.

ADAMISTRE, capitaine, ancien sous-officier (conducteur faisant fonctions d'ingénieur des ponts et chaussées, capitaine au 41ᵉ régiment territorial d'infanterie).

PATERNOTTE, sous-lieutenant, sergent-fourrier à Metz (directeur de papeterie à Raon-l'Etape (Vosges).

Compagnie Maillère. — 39 hommes.

MAILLÈRE (*), capitaine, clerc de notaire (employé aux forges de Commercy).

RAMBAUX (*), lieutenant en 1ᵉʳ, garde général (mort sous-inspecteur à Saint-Quentin en 1876).

HERNANI (*), lieutenant en 2ᵉ, employé du télégraphe (?).

Compagnies Richard et Magnin réunies. — 35 hommes

RICHARD (*), capitaine, ancien sous-officier (ouvrier en alfa en
  Algérie).
MAGNIN (*), lieutenant, adjudant à Metz (capitaine adjudant-
  major au 134e de ligne).
LORRAIN, sous-lieutenant, contre maître lunetier (mort à Paris
  en 1873.

MM. Goupil (*), Rollin (*), Tissot (*), membres du comité
militaire, et Loisant (*), secrétaire du comité, marchaient
avec la colonne.
Les inter-parenthèses indiquent la position actuelle des officiers des officiers de l'expédition.

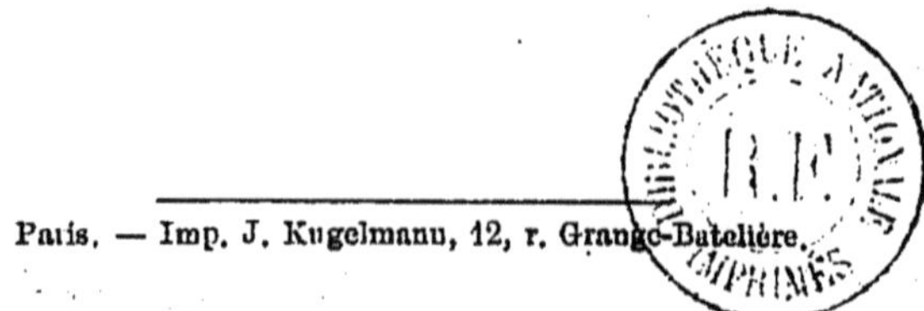

Paris. — Imp. J. Kugelmann, 12, r. Grange-Batelière.

Plan et état du Camp de Boëne
au 18 Janvier 1871.

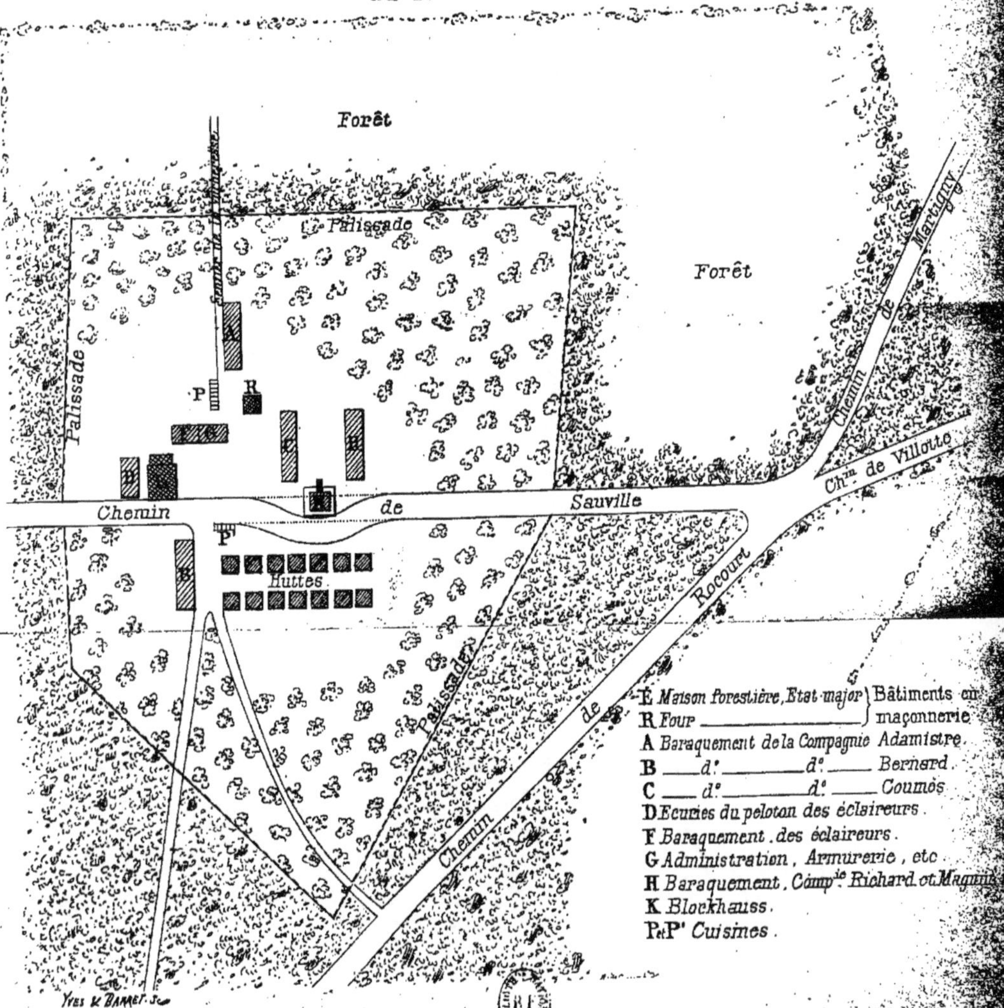

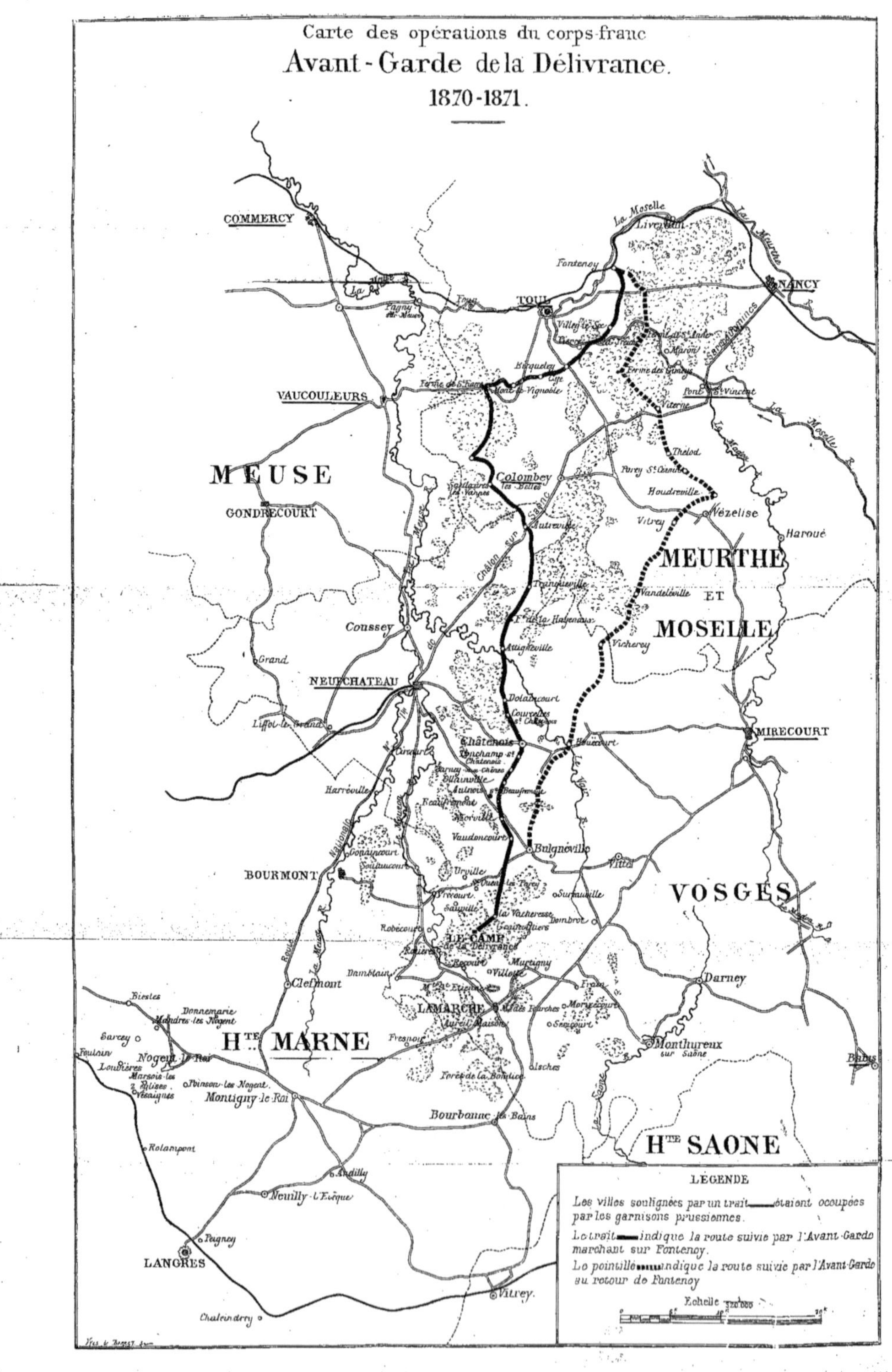

Carte des opérations du corps-franc
Avant-Garde de la Délivrance.
1870-1871.
COMMERCY
NANCY
La Moselle
Liverdun
Fontenoy
TOUL
Villey-le-Sec
Barqueley
Ferme de S. Remy
Mont-le-Vignoble
VAUCOULEURS
Marony
Ferme des Grands
Pont S. Vincent
Viterne
MEUSE
Colombey-les-Belles
GONDRECOURT
Autreville
Thélod
Parey S. Césaire
Houdreville
Vitrey
Vézelise
Haroué
MEURTHE
ET
MOSELLE
Vandeleville
Coussey
Tranqueville
Vicherey
Grand
F. de la Hayenaux
Attigneville
NEUFCHATEAU
Dolaincourt
Courcelles
Liffol-le-Grand
Châtenois
MIRECOURT
Ronchamp s. Châtenois
Houécourt
Harréville
Darney s. Chênes
Aulnois g. Beaufremont
Écaufremont
Morville
Vaudoncourt
Bulgneville
Vittel
Gonaincourt
Urville
BOURMONT
Vrécourt
Surauville
Sauville
La Vacheresse
Dombrot
Robécourt
Gendreville
VOSGES
Rollières
LE CAMP
de la Délivrance
Damblain
Recourt
Martigny
Villotte
Clefmont
M. S. Étienne
Darney
Biestes
LAMARCHE
Morizécourt
Donnemarie
Mandres-les-Nogent
Aureil-Maison
Senaicourt
Sarcey
Fresnoy
Hte MARNE
Montureux
sur Saône
Babis
Foulain
Nogent-le-Roi
Loubières
Marsois-les
Robinson-les-Nogent
Olsches
Forêt de la Bonlice
Vésaignes
Montigny-le-Roi
Bourbonne-les-Bains
Hte SAONE
Rolampont
Andilly
Neuilly-l'Évêque
Peigney
LANGRES
Vitrey
Chaleindry

LÉGENDE
Les villes soulignées par un trait ___ étaient occupées
par les garnisons prussiennes.
Le trait ▬▬ indique la route suivie par l'Avant-Garde
marchant sur Fontenoy.
Le pointillé ••••• indique la route suivie par l'Avant-Garde
au retour de Fontenoy
Échelle 1/520.000

9 782019 134211